Anonymous

Chronologen - Ein periodisches Werk

Sechster Band

Anonymous

Chronologen - Ein periodisches Werk
Sechster Band

ISBN/EAN: 9783744672764

Hergestellt in Europa, USA, Kanada, Australien, Japan

Cover: Foto ©ninafisch / pixelio.de

Weitere Bücher finden Sie auf **www.hansebooks.com**

Chronologen.

Ein

periodisches Werk

von

Wekhrlin.

Sechster Band.

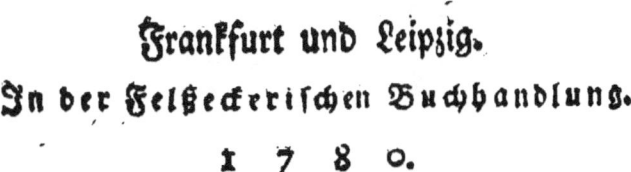

Frankfurt und Leipzig.
In der Felßeckerischen Buchhandlung.
1 7 8 0.

Ueber die Neutralitäts-Conföderation.
Eine Lektion
aus der heutigen Staatsgeschichte.

———

Wäre vermög der unergründlichen Politik des Schickſals, welches dieſe Welt regiert, nicht das Gute immer dicht neben das Böſe geſtellt: ſo müſten die Erfindungen des Pulvers und der Magnetnadel die zwey ſchlimmſten Dinge ſeyn, die dem menſchlichen Geſchlecht beſchehrt ſind.

— Das eine die Quelle, das andere das Triebrad — ſind ſie der Bewegungspunkt des heutigen Kriegs.

Betrachtet man dieſen Gegenſtand nach den Begriffen der Philoſophie, — das iſt im Schatten der ſchönen Schimären; ſo iſt nichts ungereimter, nichts widernatürlicher, als eine gewafnete Handlung.

Der Handel, ein Sohn des Friedens, des Fleisses und der Eintracht scheint dem Krieg völlig zu widersprechen. Aber wann man sich an die Erfahrung, die grosse Lehrmeisterin unseres Lebens, hält: so belehrt sie uns, daß der Handel immer mit den Waffen gepaart war.

Die Griechen, welche den Handel der Phönizier erbten, hatten nicht sobald den Krieg mit Persien geendigt, als sie ihre Flotte zum Dienst Korinths und ihrer Kolonien zu Marseille und in Sicilien brauchten.

Nach dem Fall Griechenlands und Karthagos siehet man den europäischen Handel in den Händen der Römer. Sie pflanzen ihn überall mit dem Degen fort.

Durch die Kreuzzüge wird er aus dem Orient aufs Neue nach Europa gebracht.

Kurz, man gehe von der Spize des Nordpols bis nach China: so findet man, daß die Nationen überall nur zwo Beschäftigungen hatten: Handlung und Krieg.

Die Waffen sind also ein unzertrennlicher Gefährte des Handels. Umsonst verseht man, daß jene

Beyspiele von Barbarn genommen wären. Der Hanseebund, welcher eine Zeitlang das Zepter der Handlung in Europa führte, unterhielt furchtbare Armeen. Der erste Schritt zur Handlung der Holländer bestund in Rebellion und einem einheimischen Krieg.

Solang wir also den Lauf der Natur nicht verkehren können: so lasset uns über philosophische Säze weggehen, und die Sache so betrachten, wie sie liegt.

Vergebens ruft man den Staaten zu: es giebt keinen tollern, keinen tiranischern Grundsaz als die Hinderung der Handelsfreiheit: der Handel ist seiner Natur nach ein Gewerbe der Künste und der Industrie, welche Eigenschaften der Freiheit sind.

Vergebens sagt man ihnen: schaffet eure Commerztraktaten ab: die Eifersucht über die Handlung zwischen den Nationen ist nichts als ein wahrer stiller Krieg, sich untereinander selbst zu verderben. Freiheit, allgemeine Freiheit sey fürohin eure Handlungscodex! Unter allen Gattungen der Schiffarth ist die ökonomische Schiffarth die einige, welche der Natur angemessen und der Menschheit würdig ist —

sie

sie die den Frieden sucht, die keine andern Feinde kennt, als die Mauthner und die Küstenbewahrer.

Der Grundsaz der Reiche ist heut zu Tag die Macht, und diese bestehet im Vorzuge der Reichthümer und der Schiffarth: diß ist, was sie darauf antworten.

Man muß gestehen, die Engländer sind die ersten, welche diese Maxime einsahen. Sie sind die ersten, welche begriffen, die einige Stüze, die sich für ein aufgeklärtes und freyes Volk schickt, die der Macht — und selbst der Tugend — eines stolzen Volks anständig ist, beruhe auf der Handlung.

Unstreitig haben sie diesen Grundsaz aufs höchste getrieben. Wann man sie machen ließ: so würde das Meer in kurzem keinen andern Herrn mehr erkennen, als den Wind und die Flagge Brittaniens.

Die Genealogie der englischen Handlung ist demnach eines der wichtigsten und merkwürdigsten Stüke in der europäischen Staatsgeschichte. Ein Blick, darauf geworfen, unterrichtet uns von dem ganzen Zusammenhang der gegenwärtigen Angelegenheit.

Das

Das heutige Staatssystem Englands datirt eigentlich von der Epoche Elisabeth'ens.*) Unter ihrer Regierung entstunden die ersten englischen Kolonien in Amerika, welches damals die grosse Scene der europäischen Politik war.

Einige Zeit blieb der Handel der Engländer sehr eingeschränkt: es war ein blosses Almosen, welches man von den Portugiesen und Spaniern annahm.

Aus der Revolution der Holländer **) erwuchs ein Commerzplan, der der Handlung eine ganz neue Wendung gab. Sie führte die Erfindung des Frachthandels ein, und gab England zu gleicher Zeit einen Aliirten und einen Nebenbuhler.

Dieß schien die vom Schicksal bestimmte Periode zu seyn, da Europa seine vollkommene Gestalt ändern sollte.***) Frankreich trat aus der Barbarey: es fühlte und versuchte zuerst seine Kräften.****)

Von nun an hatte die Handlung vier Buhler; England aber einen Nachbar, dessen Interesse erfoderte, sein Feind zu seyn.

---

*) Mitte des XVIten Jahrhunderts.
**) Anfang des XVIIten Jahrhunderts.
***) 1648.
****) Regierung Henrich IV — Sully.

Jeder dieser Buhler — die ersten Besizere der neuen Welt ausgenommen — betrieb sein Glück mit der möglichsten Lebhaftigkeit; und England fieng, mittelst der schwachen Regierung Jakob's I. schon an unter dem Nachdruck der Holländer und Franzosen zu erliegen, als Cromwell entstund und den Sachen einen neuen Umschwung gab. *)

Um diese Zeit legten die Franzosen ihre erste Pflanzung in Kanada an; einen kalten und reizlosen Erdstrich, wo nichts als Fische und Tannen zu holen waren; aber die französische Regierung, die kein Interesse vernachläßigt, und keinen Theil ihrer Unterthanen übersiehet, wuste es bald in eine nuzbare und furchtbare Provinz zu verwandlen.

Es scheint, die erste Absicht bey der Anlage von Kanada — so sehr der Erwerb an amerikanischen Pflanzungen in Europa zum Fieber worden war — sey nichts weniger als auf Handlung abgezielt gewesen: es scheint, daß man blos dem Abflusse der Uebervölkerung in Frankreich einen Kanal eröfnen wollte. Kanada schien zu nichts zu dienen, als zum neuen Zuchthaus für die Ausschweifungen der Nation.

*) 1650.

Deswegen entwischte es dem Auge des hellsehenden Cromwells, welcher sich dafür an die Spanier machte, um ihre Obermacht in Amerika einzuschränken, und hierdurch die Wagschale des Handels auf die Seite Großbrittaniens zu lenken.

Diß ist vielleicht der einzige — oder doch der wesentlichste Fehler in der sonst so meisterhaften Politik Cromwells. Er versah sich offenbar, da er die Spanier für die Feinde der englischen Handlung annahm, welche unter allen europäischen Mächten die trägste und gleichgültigste war; indem er das stille Wachsthum der Franzosen dagegen nicht bemerkte.

In der That, einheimische Unruhen hatten die Engländer schon längst abgehalten, einen Blick aufs feste Land hinauszuwerfen, und eingewurzelte Vorurtheile verhinderten sie, wahrzunehmen, daß die französische Macht im Aufsteigen war, wogegen sich die spanische verringerte.

Auch scheint es, nicht angemerkt worden zu seyn, was doch keine sonderlich tiefe Beurtheilungskraft voraussezte, daß die französische Nation wegen der Mischung ihres Karakters und dem Zusammenhang ihrer Staaten ein gefährlicherer Feind war, als Spanien,

nien, welches durch die Zerſtreuung ſeines Gebiets und die Schwäche ſeines Geiſts minder furchtbar war.

Dieſe Betrachtung überſah die Weisheit der damaligen Zeiten wirklich. Man unterſtüzte ſogar die natürlichen Feinde Englands gegen ihre Gegner in Flandern: und diß iſt der Zeitpunkt, welcher den Schwung der franzöſiſchen Handlung feſtſezte.

Eben daſſelbe Schickſal, welches das Gute immer neben das Böſe ſezt, machte, daß die innerlichen Unglücksfälle des brittiſchen Reichs dazu dienten, ſeine auswärtigen Pflanzungen in Aufnahm zu bringen. Die Auswanderungen in England bevölkerten ſeine Kolonien, und errichteten einen neuen Handlungsſiz. Ohne dieſen Zufall wären vielleicht die engliſchen Kolonien in der neuen Welt verlohren geweſen. Die benachbarten Franzoſen hätten ſie überholt.

Aber die Empörungen Englands ſezten dem Ausbruch der Franzoſen in Amerika Schranken. Es iſt nicht unwahrſcheinlich, daß Carolina den Anwachs ſeiner Einwohner der ruchloſen Diſpoſition zu danken hat, die dem innern Reiche ſo nachtheilig geweſen war, und nach dem Tode Cromwells keine Gelegenheit mehr fand, in ihrer eigenen Sphäre zu wirken.

Was

Was Cromwell für die Handlung in England war, das wurd Kolbert für die Handlung in Frankreich.*) Vielleicht giebts in der ganzen menschlichen Geschichte kein Beyspiel eines so schnellen Umschwungs in der Politik und dem Karakter eines Volks, wie man in der Verwaltung dieses unvergleichlichen Mannes findet.

Hier fängt die Periode an, wo sich die Franzosen anmaßten, Gesezze auf der See zu geben, mit allen übrigen Nationen um den Handel zu wetteifern, und Europa der Herrschaft seiner Industrie zu unterwerfen.

Nun war jeder Mund geöfnet, das auszudrücken, was kein Aug zuvor gesehen hatte, nehmlich, daß Frankreich der furchtbarste unter allen Feinden Englands wäre. Man erwachte; man sezte sein eigenes Interesse auf einige Zeit hintan, um mit den Holländern sich zu verbinden, der andringenden Uebermacht Frankreichs Einhalt zu thun.

Alles Glück, welches die Unternehmungen der Königin Anna begleitete, war nicht vermögend, den

Schwung

*) 1640.

tionen, der einige Meister der Handlung in beyden Indien: die Engländer, die Franzosen und die Holländer.

Sie schicken sich auf folgende Art in das Geschäft zu theilen: England hielt die Kasse; Frankreich lieferte den Kunststoff; und Holland ward der Fuhrmann.

So stunds bis zum Ausbruch des Kriegs 1756. Der unglückliche Ausgang dieses Kriegs, und der fatale Friedensschluß der ihn zu Paris endigte, gab den Engländern die völlige Alleinherrschaft auf der See und über die Handlung von ganz Europa in die Hand.

Nunmehr hatten sie keine Gränze, ihre Handlung weiter zu erstrecken, mehr vor sich, als der Mond. Sie beherrschten die Handlung der ganzen Erde unumschränkt: sie besaßen den Schlüssel zur Kasse von Europa, und zu den Bergwerken in Peru und Golconda.

Man weis die Anecdote von einem gewissen Kaufmann zu London. Er wohnte einer Vorstellung des Trauerspiels Antonius und Kleopatra vom Shakespeare,

peare, auf dem Haymarkte bey. Wie Herr Fenton, welcher die Rolle des Antonius hatte, an die Worte (V Akt, Scene 2) kam:

„Seine Beine überschreiten das Weltmeer.
„In seiner Livrey gehen Könige und Fürsten.
„Königreiche und Inseln fallen aus seiner
„Tasche.

So grif der Kaufmann mit einer begeisterten Bestürzung schnell an seine Roktasche.

Zu Paris, und vielleicht an mehrern Orten, würde man über diesen Theaterstreich ein helles Gelächter aufgeschlagen haben: zu London wurde er beklatscht, und der Autor im Triumph vom Parterre nach Haus getragen.

Der Beschluß dieses Chronologs ist in den britten Heft des gegenwärtigen Bands verlegt.

Rouſ-

Rousseau bewährt.
Eine Anecdote zur Toleranz.

Die Duldung — welche die Religion erlauchter und gerechter Seelen ist — beweist ihre göttliche Sendung.

Lassen wir einstweilen an seinen Ort gestellt seyn, ob sichs bestätigen werde, was die Zeitungen melden, daß der preißwürdigste Sixt VI Willens sey, unter die Anbauer der pontinischen Sümpfe Protestanten, mit dem völligen Genuß ihrer Religionsübung und Gewissensfreyheit, aufzunehmen.

Eine Thatsache aber ist folgendes.

Der regierende Fürst-Bischof zu Würzburg und Bamberg läßt auf seine Kosten den Sohn eines lutherischen Predigers, Georg Andreas Hofmann, Sohn des Pfarrers zu Burg-Bernheim, im Bayreutschen, im Institut für Taube und Stumme des Pastor Heinecke zu Leipzig, in der evangelisch-lutherischen Religion erziehen.

Ver-

Vernimms Nachwelt! Und ihr vergangene Zeiten staunet an!

Die protestantische Kolonie zu Terracina würde ein Zug seyn, der des geheiligten Nachfolgers eines Ganganelli würdig wäre: aber das Schicksal des jungen Hofmanns beweist, wie sehr der erlauchte ERTHAL der Krone, die ihm umglänzt, würdig war.

— So ists also an dem, daß die katholische Kirche den Protestanten, so wie sie solche im Schulwesen und in der Kanzelberedsamkeit bereits überholt hat, auch noch in der Toleranz zuvorkommen soll? Dieß siehet völlig einem göttlichen Kennzug ihres Vorzugs ähnlich.

So wahr ist also, was der verewigte Rousseau hinterlassen hat:

Die Protestanten predigen die Toleranz: aber die Katholiken üben sie aus.

Brief an Herrn von Lamoignon.

Linguet.

Linguet.

Ein Supplement.

(S. Chronologen III Band, S. 305 — Nachrichten von den litterarischen Lebensumständen des Herrn Linguet.)

Wir haben die Satisfaction gehabt, den Chronologen eine Skizze von den Lebensumständen des Herrn Linguet, eines der berühmtesten herrschenden Schriftsteller, der sich als Rechtsgelehrter, Publizist, Philosoph und Kritikus auszeichnet, einzuverleiben. Jene Skizze war nach unsern eigenen Belehrungen abgefaßt.

Seitdem hat Herr Linguet sich über diesen Gegenstand selbst erklärt. Die Gerechtigkeit, und die Hochachtung, die wir einem Mann von seinem Verdienste schuldig sind, erfordert also, solches Stück nachzutragen.

Das Publikum kan ohne Widerspruch von niemand eine richtigere Nachricht in diesem Punkt erwarten, als von ihm Selbst.

* * *

Man schreibt mir von allen Seiten, und das Gerücht ist zu Paris gemein, daß meine Gegner an einem schönen Roman: das Leben des Herrn Linguet betitelt, arbeiten. Die Gelehrten sollen den Innhalt beytragen, und der Verleger den Druck und die Kupferstiche.*)

Wann

*) Im Original stehet —— die Akademie und der tapfere Herr Pankouke, welche Herr Linguet bekanntermaßen für seine eigentlichen Feinde hält: die erstere, weil Herr von Alembert, Marmontel, la Harpe ꝛc. ꝛc. mit denen er in altem Streit liegt, Mitglieder sind; den zweiten, weil er ihm den Verlag des Journal politique, welches Herr Linguet arbeitete, entzogen hat. —— Unterdessen ist soviel an dem, daß eine gleichlautende Ankündigung —— vielleicht blos zum Schreckschuß, und um Herrn Linguet abzukühlen —— im Journal von Nancy erschienen ist. —— In Ansehn der Kupferstiche: so wars, dem Ansehn nach, von den Ankündigern eine blosse Parodie auf das Portrait, welches Herr Linguet selbst seinen Abonnenten für die Annales versprach, und womit er einige Grimassen trieb. Man beurtheile diese Betrachtung aus folgender Stelle.

Journal de Litterature à Nancy. Mars 1780.
Lettre
à Messieurs les redacteurs du
Journal de Nancy.

Herr

Wann es .... ist, wie man spricht, der die
Feder hieben führt, und vornehmlich, wann mir jeder dieser Herren sein eigen Herz und seinen Karakter
leihet: so muß es unfehlbar ein sehr vollkommenes
Werk werden.

Seit

„Herr Linguet hat, wie sie wissen, seinen Subscribenten schon längst mit seinem Portrait, *) gratis geschmei-
chelt

. . . . . Pueris dant crustula blandi
   Doctores

spricht Horaz. Und unser Schriftsteller, trotz seiner ewigen
Ausfälle auf die Politik der Verfassere des Mercure Pan-
koucke (so nennt Herr Linguet den französischen Mer-
kur immer spottweis Anmerk. u. Verfasser der Chronologen) scheint nicht mindere Politik für den Abgang seines
eigenen Werks anzuwenden.

*) Herr Linguet ist sehr häßlich: und er hat sehr
wohl gethan, die Leser hievon zu preveniren, damit sie sich über seine Figur, wann sie solche er-
blicken werden, nicht entsezzen. Wohlgesinnte
Freunde möchten ihm jenen Rath gegeben haben,
welchen der Affe im la Fontaine seinem Gesellen
dem Bären giebt. Allein Herr Linguet hätte ihn
vielleicht nicht angenommen, dann die Herren
von seinem Schlag sind sonderlich in ihr eigenes
Portrait verliebt. Dieß ist eine Reflexion, die
man oft gemacht hat.

Bekker, der famose Autor der bezauberten
Welt hatte unter andern die Unbehutsamkeit
sein Bild an die Spize seiner Schrift zu sezen,

B 2   worinn

Seit sechs Monaten spricht man davon. Ich erwarte es mit Ungedult; allein an der Verzögerung scheints, daß es den Verfassern vielleicht an Stof gebricht, wie sie anfangen sollen; und da ohne Zweifel mein beschriener Egoismus, gleichfalls wie meine Habsucht eine vorzügliche Rolle darinn spielen, werden: so theile ich ihnen hiemit die Einleitung zum Werke mit.

Ich

worinn er die Existenz des Teufels läugnet. Hierüber machte man folgendes Epigram.

   Qui, par toi de Satan la puissance
         est bridée
  Mais tu n'as cependant pas encore
         fait;
  Pour nous ôter du diable entiere-
        ment l'idée
  Bekker supprime du portrait.

        Anmerk. des Briefstellers.

„Sicherlich, dieses so gewünschte Portrait kan nicht fehlen, eine Menge idiotische Bewunderer, Servum pecus, zu erwecken. . . . . . .

„Unter den Anbethern des Herrn Linguet wird es ohne Zweifel mehr als Einen geben, der sich angreifen wird, das Bild mit Reimen, die eines so erhabenen Gegenstands würdig sind, zu verbrähmen. Unterdessen so sehr sie ihre Käfte anstrengen werden: so bin ich überzeugt, daß es keinem unter ihnen so gut gelin-

Ich bin ohne Vermögen gebohren; und weit entfernt, darüber zu erröthen. Sohn eines ehrlichen, aber verfolgten Mannes, den ich noch überdieß sehr bald verlohr, konnte ich nichts von meinem Vater erben, als seinen Nahmen und sein Schicksal. Er konnte auf seinem Todbett mit Recht zu mir sagen, was Aeneas sagte.

Disce puer virtutem ex me verumque laborem
Fortunam ex aliis.

In

gelingen wird, die Natur zu treffen, wie bem König in Preußen. Siehe Poesien des Philosophen zu Sanssouci — am Ende des Briefs an Finck.

Tel est ce fou qui pousse en ses écarts
Comme un feu d'artifice un nombre de pé-
tards;
Qui produit à la fois la fumée et les flammes,
Et qui met sans pudeur l'Europe en Epigram-
mes;
Qui change dans un jour, tantôt blanc, tantôt
noir,
Votre ami le matin, votre ennemi le soir;
Qui parle, se répente, affirme, désavoue,
Et qui sait vous blâmer de même qu'il vous
loue."

Man

In die Thorheiten des Jansenismus, ich weiß nicht durch welchen Zufall, verwickelt, ist mir noch weniger bewust, welches unter den Mirackeln des benedeyten Diakons es wirkte, daß mein Vater zum Martirer des exilirenden Verfolgungsgeist wurde, so wie sein Sohn nach der Hand ein Martirer des rayrenden Verfolgungsgeists ward.

Er verlohr folglich seine Professur bey der Universität zu Paris. Er zog sich nach Rheims, heyrathete alda, und gab mir das Leben. Solchemnach bin ich unter dem Gestirne eines Lettre de Cachet g. bohren.

Der-

Man muß zum Ruhm der Herzhaftigkeit des Herrn Linguet anführen, daß er dieses bittere Apostill — es sey nur aus Politik oder aus wahrer Mäßigung — in seinem eigenen Werke (Annales Tom. VII pag. 517) vollständig nachzudrucken, und hierdurch seinen Gegnern eine Grösse des Geists entgegen zu sezen fähig war, die ihre Satire beschämt. —— Unterdessen scheint, daß der erhabene Verfasser vorgehender Zeilen niemand weniger, als unsern Schriftsteller im Sinn gehabt habe, nachdem zur Zeit als Seine Majestät diese Gedichte schrieb, der litterarische Nahme des Herrn Linguet noch nicht existirte Man erkennt vielmehr in diesen Zügen einen ungleich bekanntern, berühmtern, mit dem Monarchen vertrauten Schriftsteller unseres Jahrhunderts, welcher unbescheiden genug war, sich die Ungnade Seiner Majestät zuzuziehen.

Anm. vom Verf. d. Chronolog.

Dergleichen Früchten sind nicht geneigt, reiche Kinder zu machen. Ich fühlte sehr frühe, daß es meine Familie nicht sey, von welcher Seite ich mein Glück erwarten müste. Ich glaube, daß ich auf dieses eben so, wie auf meinen Ruhm selbst, Verzücht gethan haben würde, wofern mich nicht der höhere Wille eines Großvaters, von dem ich abhieng, nach verschiedenen andern kleinern Versuchen, endlich für jene Laufbahn entschieden hätte, wo sich eines mit dem andern zu verknüpfen, das ist wo sich der Reichthum mit dem Ruhm zu paaren pflegt.

Man weiß zur Genüge, wie es mir ergieng. Meine ersten Flüge waren nur allzuglücklich. Da sich die Früchten einer unermüdeten Arbeitsamkeit mit einer vernünftigen Haushaltuug vereinigten; da mir die Litteratur zum öftern ersezte, was mir der Undank vor den Schranken entzog; und da sich mir eine Aussicht eröfnet hatte, die mir ein dauerhaftes Glück versprach: so unterhielt ich mich anfänglich mehr mit dem Gegenwärtigen, als mit dem Zukünftigen.

Zur Einsamkeit geneigt und überhaupt von jenem Temperament, daß ich mich nirgends am meisten wohl befand, als bey mir, führte ich einige Zeit ein eingeschränktes aber wohlanständiges Haus. Diese

Gattung von Aufsehn sollte man mehr der Ordnung beygemessen haben, als einem Ueberfluß. Unterdessen erwarb es mir Neid. Man zog die häßlichsten und ungeheursten Lästerungen davon ab.

In dem unglücklichen Handel der Morangies waren mein Wagen und mein Eifer die zwo vornehmsten Gründe, welche man anführte, um mich in Verdacht zu ziehen. Es war deutlich, daß meine Partey mir Antheil vom Raube gegeben hatte. Ich war, dem Urtheil meiner Feinde nach, nicht sowohl Sachwalter der angeklagten Parthey als Complex. Sonst hätte ich den Proceß zu Fuß, und mit kälterm Blut führen müssen.

So sprach man, so druckte man, so gab man ungestraft von mir aus.

Unterdessen weit gefehlt, daß dieser Proceß mein Glück verbessert hätte: so hat er es vielmehr, in jeder Rucksicht, verderbt. Kurz nach einer durch drey Jahre anhaltenden Bataille auf dem Felde der Advokatur, verließ ich den Platz gerade so arm, wie ich ihn betretten hatte. Ich konnte mit Job sagen: Nackend bin ich aus Mutterleib gekommen, nackend gehe ich wieder dahin.

Ohne

Ohne die ungewöhnliche Handlung einer großmüthigen Dankbarkeit von Seiten einer Person, die mir nicht zu nennen erlaubt ist, welche mich für eine verlohrne Angelegenheit weit glänzender belohnte, als mir die beste gewonnene Sache nicht eintrug, hätte ich meinen Advokatenrock, zwar ohne Schulden, hingegen ohne einen Pfenning Vorrath, verlassen.

Die Litteratur versprach mir eine Ressource zu eröfnen. Ein Gegenstand, der mir eben soviel Eckel als Unannehmlichkeiten wies; aber er wurde mir zur Nothwendigkeit. Auch hier sollte ich nicht ruhig seyn. Es gefiel der Akademie, mich zu unterdrücken. Man rieß mir diesen lezten Lappen, woran die Billigkeit sich ein Gewissen machen und der Wohlstand erröthen muste, vom Leib.

Eine natürliche Erbitterung über so viel Ungerechtigkeiten und Grausamkeiten bewog mich, mein Vaterland zu verlassen und eine Freystatt in England zu suchen.

Ich muß der Wahrheit zur Steur sagen, daß als ich dieses äusserste Mittel ergrief: so fehlte es mir nicht an Anerbieten, die mich davon abhalten konnten. Grosse Herren haben geprüft, ob ich ein

B 5   eben

eben so honetes als nuzbringendes Asyl in ihren Staaten nicht ausschlagen möchte. Privatpersonen haben mir Unterstüzungen antragen lassen.

Allein der Geschmack zur Unabhängigkeit, und eine gewisse mir angebohrne Delikatesse bewogen mich, alles auszuschlagen. Ich habe ein Gnaden: geld — vornehmlich bey einem fremden Hof — immer für einen Schimpf für den Mann von Talen: ten, der es empfängt, und für eine Unbesonnenheit für den Prinzen, der es giebt, angesehen. Der erste verkauft sich dem Ansehn nach, und der zweite sucht einen Zeugen, den er fürchten muß, zu bestechen.

Immer war dieß mein Grundsaz, ein wahrer Ge: lehrter muß non niemand weder etwas erwarten noch annehmen, als vom Publikum. Ich gestehe, dieser Grundsaz weicht sehr vom Beyspiel der heutigen Ge: lehrten ab: aber er ist nichtsdestoweniger richtig; und die Widersprüche derselben sind nichts als falsche Bilder.

Sie haben die Begriffe bis auf den Grad entstellt, ihrer Natur beraubt, daß es ihnen gelungen ist, ei: ne Art von Schimpf mit dem gerechten Entgeld zu verknüpfen, welches ein fleissiger Schriftsteller von
dem

dem Nuzen seiner Werke zeugt. Im Gegentheil haben sie das Allmosen, welches eine Buhlerin, ein Schmarozer, ein Bedienter dem Hochmuth der Grosen, zum Vortheil eines sich nennenden Schöngeists, der unter diesem Firniß seine Faulheit und Unwissenheit verbirgt, zu entreissen weiß, sogar für eine Gloire ausgelegt.

Da ihre Grundsäze demnach nicht die meinigen waren: so muste auch unser Betragen verschieden seyn. Ich gestehe, ich habe die ANNALES im ganzen Ernste, als ein Mittel, unternommen — nicht um mich zu bereichern, ob ich schon das Geld eben so wenig verachte, wie die heutigen Sokraten, die gewiß wohl noch etwas mehr wagen würden, um dazu zu gelangen, als ich; sondern um mir diejenige Bequemlichkeit zu verschaffen, welche der Gegenstand der Ambition eines jeden vernünftigen und ehrlichen Mannes seyn soll; und deren Entbehrung vielleicht eben so schimpflich als schmerzhaft ist.

Ein jeder Mensch, dem es die Natur nicht durchaus an Fähigkeit fehlen lies, oder der nicht von einem besonders feindseeligen Schicksal verfolgt ist, und dem es an seinem Auskommen gebricht, verdient meinem Erachten nach den billigen Vorwurf einer

man-

mangelhaften Konduite, oder vielleicht gar eines noch ernstlichern Fehlers.

Dem sey, wie ihm wolle: nicht eitler Ruhm, nicht der Rauch des Ansehens, selbst der noch zu entschuldigerende Trieb zur Rache, und die schmeichelhafte Empfindung, seine Feinde zu erniedrigen nicht, sind die Ursachen, warum ich die ANNALES fortseze: es ist die Pflicht, die ich mir selbst schuldig bin, mir ein Auskommen zu verschaffen, um in der Gesellschaft nicht den honeten Rang zu verlieren, den mir die ersten Früchte meiner Fähigkeiten erworben haben.

Was mir anlag, das war blos, wie ich mich hieben so benehmen möchte — und ich glaube, es ist mir gelungen — daß man meinen Arbeiten weder den Einfluß eines Geizes, noch einer andern partheilichen Niederträchtigkeit ansehen möchte. Hab' ich nicht allemal gesagt, was ich sagen konnte, ein Zug, der mehr Thorheit als Herzhaftigkeit angezeigt haben würde: so habe ich wenigstens nichts gesagt, was nicht in meinem Herzen zugegen lag. Habe wenigstens nichts unterdrückt, was ich nüzlich und zuläßig erachtete. In meiner alten Sclaverey erniedrigte sich meine Feder nie: in meiner neuen wird sie sich niemals über ihre Gränzen erheben.

Mögen

Mögen Diejenigen, die mich noch immerzu einen unruhigen Kopf, ein angebranntes Gehirn, einen eigensinnigen und ausschweifenden Menschen nennen, bey dieser Erklärung abermals über Egoismus schreyen. Indem ich mich gegen ihre Verfolgungen anmit vor dem Publikum öffentlich vertheidige: so scheue ich mich nicht, hinzuzusezen, daß es vielleicht wenig Menschen giebt, die wann sie so hartnäckigen, so lebhaften, so grausamen Widerwärtigkeiten ausgesezt wären, wie diejenigen, so mein Leben vergiftet haben, sind, eben soviel Mässigung, eben soviel Bescheidenheit im Glück wie im Unglück, an Tag legen dörften, als ich.

Das Publikum weiß es: es hat mir dafür Erkenntlichkeit bewiesen. Der Abgang der ANNALES hat meine Erwartung — und selbst meine Wünsche noch übertroffen: unterdessen war die erstere auch nicht übertrieben, und die zweiten sind sehr eingeschränkt.

Gleichwol ermüdet der Neid nicht. Das Geschrey, welches man ehemals von dem Ueberfluß machte, den mir der Glanz meiner Arbeiten in der Advokatur zugezogen haben soll, verfolgt mich auch in der Litteratur. Jeder nimmt sich heraus, in meinen

nen Beutel zu schauen, und jeder berechnet mein Einkommen nach seinem Geschmack. Nach gewissen Eröfnungen, die man zuweilen von meiner Gutmüthigkeit und Offenherzigket zu erschnappen weiß, schließt man auf den wahren Zustand meiner Kasse.

Bald besitze ich die Einkünfte eines Generalpachters, bald bin ich so reich, wie ein Pluto. Es fehlt wenig, daß ich, dem Urtheil der Leute nach, nicht einen kleinen Bernard *) vorstelle.

Alles dies ist eitel. Ich beklage mich keineswegs über mein Schicksal; und es wäre in der That grausam, wann eine dermassen arbeitsame Lebensart, wie die meinige, ein für allemal nichts als Dornen eintragen sollte. Möchten die Gelehrten von Profession, die meinen vorgegebenen Ueberfluß beneiden, die sich über meine Verschwendung aufhalten, die die Kostbarkeit meiner Tafel, den Pracht meines Haußraths, das Aufsehn meiner Gespann, den Stolz meiner Landhäuser, das Aergernuß meiner Festins: möchten, sage ich, diejenigen welche dergleichen unüberlegte

Maa-

*) Samuel Bernard, erster Hofbanquier in Frankreich, der 150 Millionen hinterließ.

Märchen aussprengen, das Leben ansehen, so ich führe, und es nachmachen: möchten sie zehn bis zwölf Stunden jeden Tag sizen und ohne Aufhören schreiben, alles mit eigener Hand, sogar bis auf die Umschläge zu den Briefen, machen — dann ich habe keinen Sekretär; und es ist gewiß nicht Geiz, daß ich mich dieses nothwendigen Bedürfnisses beraube: möchten sie ihren Umgang blos auf zween bis drey Freunde eingeschränkt seyn lassen, in denen sich Geschmack zur Mittelmässigkeit mit Tugend vereinigt, und die beherzt genug und gedultig genug sind, mich Abends fünf Uhr zu besuchen, um zuweilen das einige nüchterne und kärgliche Mahl mit mir zu theilen, welches ich des Tags halte? Möchten sie nun für diesen Preiß ihren Lux vertauschen?

Und es sind nun zwanzig Jahre, daß ich dieses Leben führe. Wann mich zu Paris, wo ich eben so wenig Herr von meiner Zeit war, wie izt, die Lage hinderte, am Tag zu arbeiten: so muste es die Nacht ersezen. Ich stund zu allen Jahrszeiten in der Fruh um zwey Uhr auf, um die Stunden, die ich am Tag, ohngeachtet ich ihn bis Abends eilf Uhr verlängerte, verlohren hatte, einzubringen,

Alles diß bey Seit gesezt: ohne die Bosheit der Nachdrucker*) — und selbst troz des übernachten
Nach-

---

*) Diß ist der Hauptpunkt, welcher gegenwärtig die Galle des Herrn Linguet erwärmt und die Materie seines Journals ist. Er, der vom Gestirn auserlesen zu seyn scheint, ewig unter den Waffen zu stehen, und den Degen immer entblößt zu halten, scheint die Potentaten, die Gerichte und Gelehrten einige Zeit zu verlassen, um auf die Buchhändler loszugehen. Es ist wahr, Herr Linguet ist in einem ganz andern Falle, als der den Gelehrten in Deutschland und anderer Orten gewöhnlich ist. Er ist zugleich Autor und Verleger. Die Gelehrten in Deutschland ꝛc. würden sich also sehr verstossen, wann sie die Gründe des Herrn Linguet gegen den Nachdruck benutzen; wann sie seine Deklamationen wiederholen wollten. Der Nachdruck beleidigt eigentlich nicht sie selbst; sondern er ist eine wahre Felonie an dem Buchhandel. Er ist keine Usurpation in der Litteratur, wie man sehr schief vorgibt, sondern er ist ein Falsum in der Handlung. In dieser Ansicht hat auch ein unbekannter Nachdrucker dem Herrn Linguet mit sehr viel Richtigkeit geantwortet:

„Wann ein Buchhändler, mittelst des Nachdrucks,
„ihr Werk verbreitet: sollten sie ihm der Klugheit
„nach nicht vielmehr Verbindlichkeit dafür wissen
„anstatt ihn zu schimpfen? . . . . Bis auf Sie
„mein Herr, haben sich noch alle Schriftsteller zur
„Ehre geschäzt, die Auflage ihrer Werke verbreitet,
„und ihren Nahmen in fremde Länder gebracht zu sehen.

Dieser Mann hat Recht. Es ist mit grossem Bon Sens gesprochen. Mögen sich es diejenigen merken, die, ohne durch ihr Interesse dazu berufen zu seyn, wider

drucks *) — ohne meine Entfernung von England, wäre mein Glück ergänzt. In kurzem sollten die Gelehrten jenes besondern Phänomens von einem Schrift-
wider ihre Nachdrucker schreyen, und blos um eine Grimasse zu machen, dem Linguet nachstammlen. Mögen sie die Vertheidigung der Rechte des Eigenthums, des Erwerbs, der Handlung selbst, einem Dutter, einem Feder überlassen. Sie sind in guten Händen. Der Nachdruck ist ohne Widerspruch ein Laster — ein um so gefährlicheres und strafwürdigeres Laster, je weniger es möglich ist, ein Mittel dagegen zu erdenken: solang sich die Souveraine nicht dareinlegen, solang ihm nicht durch die Staatsgesetze selbst, oder durch eine allgemeine Conföderation der Buchhändlere Einhalt gethan wird. Aber bey den kleinen Modeautoren, die dagegen schreyen, ist er nichts als eine Maske, die sie ihrer Eitelkeit anlegen, und wodurch sie mit ihrer Bescheidenheit Parade machen wollen.

Anm. v. Verf. d. Chronolog.

*) Herr Linguet beklagt sich, daß vierzehn Nachdrücke seiner Annalen im Publikum zirkuliren. Wann man nun für jeden nur tausend Exemplare annimmt — eine in der französischen Buchhandlung sehr gemeine und niedrige Rechnung — und seine eigene Originalauflage, wozu er, wie er selbst bekennt, 2500 Subscribenten hat, dazu zählt: so beträgts 16,700 Exemplare, welche abgehen. Man urtheile hieraus, ob wir Grund hatten, Nachrichten von diesem Gelehrten in die Chronologen zu bringen, und ob er nicht einer der ausserordentlichsten und verdienstvollsten Schriftsteller unserer Tage sey.

Anmerk. d. Verf. d. Chronolog.

Schriftsteller, der sie beunruhigt, entlastet werden, jenes Schriftstellers, der kühn genug ist, alle ihre Kabalen zu verachten, und sie alle, einen wie den andern, herauszufodern; der stolz genug ist, alle Protektionen zu verschmähen und deren keine zu suchen, gleich einem Krieger, welcher sich auf nichts verläst, als auf sein Recht und seinen Degen: jenes Schriftstellers, der blöd und gemein genug ist, von nichts als den Früchten seines Fleißes leben zu wollen, und das Glück hat, mit seinen Werken zu handlen; ohne zu erröthen und ohne sich zu ruiniren.

* * *

Vorstehende Eröfnung des Herrn Linguet, sey uns erlaubt, durch folgende Zusäze aus unserer eigenen Korrespondenz zu ergänzen.

Herr Linguet lebt gegenwärtig, so viel man weiß, zu Brüssel. Er hat seine Annalen — das periodische Werk, wordurch er soviel Aufmerksamkeit erweckte — geendigt und beschäftigt sich nunmehr im Stillen mit einer Auflage seiner sämmtlichen Schriften.

Unter die neuesten Katastrophen seines Lebens gehört seine Verdrüßlichkeit mit dem Parlamentsrath zu Paris, Herrn von Epreemesnil. *)

Der Graf Lally, vormaliger Befehlshaber zu Pondichery, ist, wie man weiß, eines von denjenigen

---

*) Da die Zeitungen von dieser Sache sehr viel Aufhebens machen, und sie sehr ungleich auslegen; so verdients,

gen Schlachtopfern, welche unter dem Schwerd einer barbarischen und partheischen Kriminaljustiz fielen. Seine Hinrichtung ist ein Schandfleck unserer Tage. Ganz Europa hat darüber geschrien, und alle Federn haben sich für sein Andenken in Bewegung gesezt.

Diß gab seinem Sohn, dem Grafen Lally Tolendal, Hauptmann von der Reuterey, einem jungen und beliebten Edelmann, Anlaß, um die Asche eines verehrenswürdigen und zärtlichen Vaters, mit dem jedermann Bedauren trug, und dessen Unschuld alle Welt Gerechtigkeit wiederfahren ließ, von der Schande zu reinigen, daß er bey der neuen Regierung um die Gnade ansuchte, den Prozeß seines Vaters zu revidiren.

Ludwig XVI. der Gerechte, der Edle, der Freund der Menschlichkeit bewilligte dieses Ansuchen huldreichst. Das Urtheil des Parlaments zu Paris über den Grafen Lally wurde cassirt, und dem Parlament zu Rouen die Revision übertragen.

Man jauchzte schon über dieses Ereigniß. Man wünschte dem Grafen Lally Tolendal Glück: als eine ganz unvermuthete Parthey erschien, den Succeß durch eine Incidenzklage zu unterbrechen.

Diß war Herr Duval von Epreemesnil, wirklicher Rath beym Parlament zu Paris.

dients, daß man dem Publikum einen Innbegrif von der wahren Lage derselben giebt.

Unter den erboßtesten Verfolgern des unglücklichen Grafen Lally war ein gewisser Herr Leyrit, Statthalter zu Pondichery. Er war Hauptangeber im Kriminalprozeß des Grafen.

Diß schien dem Herrn von Epreemesnil, der sich seinen Nefen nennt, ein Bewegungsgrund, gegen die Wiederherstellung der Unschuld des Grafen Lally zu protestiren, und die Revision aufzuhalten: unter dem Vorwand, daß die Ehre seines Oheims, der seit einiger Zeit todt ist, dabey interessirt wäre.

Hierüber nun ärgerte sich das ganze Publikum, und Herr Linguet glaubte, Stof zu haben, einen Artikel in seinem Journal daraus zu machen. Er demonstrirte die Ungesezzmässigkeit und Unstatthaftigkeit des Gesuchs des Herrn von Epreemesnil, und er vertheidigte sehr lebhaft die Befugsamen des jungen Grafen Lally-Tolendal.

Hieben that er verschiedene hönische und empfindliche Ausfälle auf den Herrn von Epreemesnil. Er macht ihn zum öffentlichen Gelächter, und beweist, daß er vom Gerichte als ein Wahnsinniger abgewiesen werden müsse.

Es ist wahr, Herr Linguet gestehet selbst, daß er eine persönliche Rache auf den Herrn von Epreemesnil habe. Dieser war zuvor Advokat beym Chatelet, und folglich sein Nebenbuhler, und folglich ein Mitglied des Advokatenstands, welches Herrn Linguet von sich ausstieß.

Diß war genug, die Feder des Herrn Linguet zu schärfen. Auch demüthigte er, indem er die Sache des Grafen Lally mit seinem gewöhnlichen Feur und mit seiner gewöhnlichen Geschicklichkeit vertritt, den Herrn von Epreemesnil auf eine jämmerliche Art.

Dieser, welcher zu ausserordentlichen Instanzen bestimmt zu seyn scheint, formirte beym Parlament zu Paris eine Injurienklage gegen den zu Brüssel abwesenden Herrn Linguet, und bat um Erkennung Personalarrests.

Das klügere Parlament, welches die Gränzen seiner Jurisdiktion einsahe, empfand die Eitelkeit dieser Klage und wies das Anbringen ohne weiters ab.

Um seine Herzhaftigkeit zu beweisen, sezte Herr Linguet die Materie durch einen neuen Artikel fort.

Wer wollte läugnen, daß Herr Linguet nicht einer der ruhmwürdigsten Schriftstellere Frankreichs, und einer der grösten Geister unsers Jahrhunderts ist? Seine Beredsamkeit hat nicht ihres gleichen. Seine Geschicklichkeit in der Rechtswissenschaft ist ohne Beyspiel. Und in der Kenntniß des Menschen und der Begeisterung für die Rechte der Menschheit steht er dicht an Voltaire.

Er wird der französischen Sprache ewig Ehre machen. Sein Styl ist feurig, schwungreich und korrekt: seine Prose harmonisch und ihm allein eigen. Er übertrift den Herrn von Voltaire darinn, daß er seine Gaben für die Religion anwendet: *) und
daß

---

*) Nicht als ob wir eingeständen, daß der Herr von Voltaire jemals gegen die Religion geschrieben. Man

daß er — was selten ist — mit der Dichtkunst und Wohlredenheit die Geometrie vereinigt.

Was man auch immer gegen sein Herz einwenden mag: so scheint es, im Grunde von einer guten Mischung zu seyn. Hier ist ein Beweis davon.

Ohne Zweifel ist der Herr von Alembert der wichtigste unter den Gegenständen, an welchem sich die Satire des Herrn Linguet übt. Mit einer unablässigen Wuth verfolgt Herr Linguet diesen Gelehrten, und bey jeder Gelegenheit, die er nur immer auftreiben kan, bringt er ihm etwas bey.

Wohlan! Herr Linguet hört, daß Herr von Alembert gesonnen sey, eine Reise nach Potsdam zu machen. Hierüber verfaßt er einen poetischen Brief an Herrn von Alembert. Anfänglich höhnt er ihn nach seiner gewöhnlichen Manier. Endlich aber schließt er die leztern Strophen des Gedichts so.

* * * * * *

Vermuthlich machen sie ihren Weg durch Flandern.
Wann ihr rollender Wagen dann die Hauptstadt
Dieser glücklichen Gefilde berührt: so erkundigen sie sich
Nach einem gewissen Nahmen, den man allda
Nur allzuwohl kennt — Nach einem Nahmen
          Vor

will nur sagen, daß er sich beschränkte, den Aberglauben zu verfolgen, ohne das Dogma zu vermehren; daß er folglich nur zur Helfte des Interesse der Religion seine Bemühung, seine Talente und seine guten Gesinnungen anwandte.

Vor dem Sie zittern.... Allein überwinden sie
Die Röthe, die ihnen ins Gesicht tritt; sie ist
Die einzige Gefahr, die sie zu fürchten haben.
Lassen sie ihren rüstigen Postillion gerade zu
Vor meine Wohnung fahren. Kommen sie
Mich zu besuchen, mich kennen zu lernen und mir Ge-
rechtigkeit zu lassen.

* * *

Scheuen sie sich nicht. Kein Zwist soll uns stöhren.
Die Beleidigungen sollen vergessen seyn, oder wenigstens
An der Tafel sich aussöhnen. Wenige, aber gute
Gerüchte, ohne Ordnung, ohne Pracht, sollen diese
einnehmen.
Jener schäumende Nektar, den das Champagne her-
fürbringt,
Oder der kostbare Saft, welchen man zu Cassagne
preßt,
Beyde seit fünf Jahren im Keller ausgereifet,
Sollen unsere unzeitig entzweyte Herzen wieder ver-
binden.
Hier wollen wir — Sie, indem Sie die Freundlichkeit
Eines wohlbeschafenen Kopfs an mir genehmigen;
Und ich, indem ich kein Wort von der Akademie
Entfallen, und meine Plackereyen im Louvre und Pa-
lais vergessen werde,
Den Königen eine Lehre geben, wie man Friede ma-
chen muß.

Schlacht

Schlacht
der combinirten Französischen
Den 9 Heu

General-Commandant:

Avantgarde.		Corps de Bataille.	
Zwote Eskadre {	**1ste Division** { Atlante 70 Can. Sp. La Bourgogne. 74 Can. F. Chef der Division. St. Joachim. 70 Can. Sp. St. Paschal. 70 Can. Sp. St. Lucie. Fregatte. Sp. } **Erste Eskadre**	**3te Division** { le Marseillois. 74 Can. F. St. Carl. 80 Can. Sp. Chef der Division. Gallicia. 70 Can. Sp. Der Schutzengel. 70 Can. Sp. St. Barbara Fregatte. Sp. }	
	2te Division { La purissima Conception. 90 Can. Sp. Commandant der Eskadre. La Foudre. 80 Can. Sp. St. Raphael. 70 Can. Sp. St. Juste. 70 Can. Sp. Scipio. 74 Can. F. St. Rufina. Fregatte. Sp. }	**4te Division** { Die heil. Dreieinigkeit 100 Can. Sp. General-Commandant. Der Held. 74 Can. F. St. Ferdinand. 80 Can. Sp. L'Orient. 70 Can. F. St. Eugene. 70 Can. Sp. St. Perpetua. Fregatte. Sp. }	

Ordnung
und Spanischen Kriegsflotte.
monat 1780.

Don Louis de Cordova.

Arrieregarde.

Dritte Eskadre:
- St. Vincent. 80 Can. Sp.
- Le Protecteur. 74 Can. F. *Chef Der Division.*
- Le Serieux. 70 Can. F.
- Le Brillant. 70 Can. Sp.
- Cäsar. 74 Can. Sp.
- St. Catharina Corvette. Sp.

5te Division.

6te Division:
- St. Isabelle. 70 Can. Sp. *Commandant der Eskadre.*
- Le Ferme 70 Can. Sp.
- Terrible. 110 Can. Sp.
- Zodiaque. 74 Can. F.
- Le Carmen. Fregatte. Sp.
- Die Thätige.
- Golandrine.
- Die Wunderliche.

Balandren. Sp.

Corps de Reserve.

Leichte Eskadre. Herr von Beauffet, Chef.
- Le Glorieux. 74 Can. F. *Chef der Eskadre.*
- Le Septentrion. 64 Can. Sp.
- Le Mino. 56 Can. Sp.
- Le Zelee. 74 Can. F.
- La Mernibe. Fregatte. F.

Recapitulation:

Schiffe:
- Französische . . . 11
- Spanische 30

Total: 41

Canonen . . . . . 2216.

Die Artillerie der Fregatten a part.

England: siehe deine Ueberwinder!
Eine Originalanecdote.

Daß der berühmte Herr Forster, welcher durch seine Reisen in die Südsee, und durch die Beyträge, so er zur Geschichte der Natur, der Welt und der Menschlichkeit geliefert hat, bekannt ist, unlängst von Seiner königl. Preussischen Majestät zum ordentlichen öffentlichen Lehrer der Weltweisheit bey der Universität zu Halle berufen worden: das weiß man aus den Zeitungen. Aber den Antheil, welchen die Ehre Deutschlands, der Nahme eines grossen Fürsten, und der Ruhm eines verehrenswürdigen Instituts an dieser Begebenheit haben, muß man aus folgender Anecdote lernen. Sie ist mir von einer hochachtungswürdigen Hand zugeschickt: und sehr gute Gründe bürgen die Wahrheit.

Doktor Forster, der ältere, ists, von welchem eine der interessantesten Beschreibungen über die Insel Otaheiti herrührt.

Er

Er ist von Geburt ein Deutscher: wo man sich nicht irrt, ein Danziger.

Nach einer verdienstvollen und höchstgefährlichen Reise, die er mit Capitän Cook gemacht hatte, kommt er nach England zurück: und hoft durch die Herausgabe seiner Reisebeschreibung, wozu er von der Admiralität schon vor seiner Abreise die Erlaubniß, mit dem besondern Versprechen, erhalten hatte, daß ihm nicht nur hiezu die nöthigen Zeichnungen ausgeliefert, sondern auch die Unkosten des Drucks und der Kupferstiche ersezt werden sollten, für seine Zeitversäumniß eine Entschädigung und für seine Verdienste einen Lohn zu gewinnen, welcher seiner Familie einen anständigen Unterhalt versichern könnte.

Ein Plan, den er mit um so mehr Vertrauen entwerfen durfte, je mehr ihm die Grosmuth des englischen Ministeriums bekannt zu seyn schien, und je gewisser ihn seine eigenen Verdienste zu hoffen berechtigten, das Publikum würde an den nüzlichen Erfahrungen, die er ihm mittheilte, mit Eifer theilnehmen.

Niemals aber hat man sich in der Rechnung auf die Leidenschaft der Nation für Alles, was die Be-
föde-

föderung der Wissenschaften betrift, und auf den Edelmuth des englischen Publikums lebhafter betrogen.

Es sey, daß sich wirklich ein Nationalneid einmischte; oder daß die Faktion, welche an allen verhaßten Schicksalen Englands Schuld ist, auch hier ihre Wirkung zeigte — dann Herr Forster war einem ans Brett stehenden Minister empfohlen — oder daß er es vielleicht selbst in den Mitteln versah, welche die gewöhnliche Leiter des Hofglücks ist, die man von untüchtigen und kriechenden Köpfen immer eingenommen siehet, die aber der edle Mann, der Mann von wahren Verdiensten, der seinen Werth zu empfinden weiß, verachtet.

Genug, der Minister zog sein, in Absicht der Unkosten, Herrn Forstern gegebenes Versprechen zurück. Hierdurch wurde das Glück des Herrn Forsters völlig umgekehrt. In eben dem Augenblick, da sich dieser würdige Gelehrte auf dem Gipfel seiner günstigen Aussichten zu sehen glaubte; als er aller Nahrungssorgen entlediget zu seyn, und sich im Schooße der Wissenschaften einer nützlichen Muße überlassen zu können hofte, sah er sich in einen jener Opfertempel des öffentlichen Kredits verschlossen.

Es

45

Es war natürlich, daß Herr Forster Gelder zu seiner Unternehmung verwendete, daß er nach dem Ende seiner Reise Mittel nöthig hatte, zu leben, bis er mit seiner Reisebeschreibung fertig war; daß ihn diese selbst beträchtliche Fonds kostete.

Alles dieß hofte er in der Grosmuth des englischen Publikums zu finden. Allein dieses Publikum, das so oft für einen banquerotirten Tänzer Subscription eröfnet, sah mit kaltem Blut an, daß Herr Forster nach Newgate geführt wurde: dieses Publikum, welches so oft eine lüderliche Schauspielerin errettet, gestattete, daß der würdigste Mann im Gefolge des Capitän Cook seiner Existenz beraubt blieb.

Herr Forster, der jüngere, durch eine neuere Reise mit Capitän Cook, und eine zwote Beschreibung von Otaheiti eben so berühmt, wie sein Vater; und der durch die ruhmvolle Empfindung eines deutschen Landsbeherrschers bereits zum Lehrer an der Akademie zu Cassel angestellt war, der ältere Sohn des erlauchten Unglücklichen, war während diesen Conjunkturen nach Deutschland gegangen.

Er empfand das Schicksal seines Vaters als ein wohlgearteter Sohn, und arbeitete zu seinem Besten

als

als ein Mann von Kopf. Da die Unempfindlichkeit der Engländer gegen das Looß des Herrn Forster entschieden schien: so verließ er alle Betrachtungen dorthin, und wandte sich an sein Vaterland.

Jener unvergleichende König, der die Bewunderung aller Jahrhunderte, die Ehre der Wissenschaften aller Zeiten, und mit Recht der Stolz Deutschlands ist — Friederich II war ihm bereits zuvorgekommen. Seine Majestät hatte kaum von der Lage des würdigen Gelehrten Nachricht erhalten, als sie ihm den Ruf zum ordentlichen Lehrer bei der Friederichsuniversität zusenden ließ.

Eine Schuld von 1000 Pfund aber hielt Herrn Forster in England auf. Ohne sich mit dieser abzufinden, war ihm die Vokation nach Halle unnüz.

Hier ists, wo sich die Klugheit und Zärtlichkeit des Sohns, die Grösse eines vortreflichen Fürsten, und die Würde eines tugendvollen Instituts entwickelte. Nirgendswo glaubte der erstere eine ergiebigere Hülfe zu finden, als wann er sich an diejenige Quelle, welche die nächste und die bewährteste ist, wann es aufs leidende Verdienst ankommt, wenden würde.

Diese

Diese Quelle, wo konnte er sie anderst suchen, als in jener geheiligten und geheimnißvollen Verbindung der Menschlichkeit und Tugend, die in bigoten und unerleuchteten Staaten mit so viel Inconsequenz verfolgt ist, und die in denkenden und lichtvollen Ländern mit so viel Innbrunst verehrt wird? Die Freymäurerey, dieses der Tugend und Menschlichkeit geweihete, und unsern Zeiten allein würdige Institut ists, welche ihren Busen eröfnete, um dem Verdienste die Gerechtigkeit zu verschaffen, die ihm versagt wurde, und dem Vaterland den Nuzen zu stiften, der ihm nöthig war.

Der würdige Abbt Jerusalem, dessen Nahme ganz Deutschland kennt, und die Religion verehrt, theilte die Eröfnung, die ihm der jüngere Herr Forster von der Verlegenheit seines Herrn Vaters gemacht hatte, Seiner Durchlaucht, dem Herzog Ferdinand von Braunschweig mit.

Auf die Vorstellung dieses ruhmvollen Fürsten, den die Freymäurerey in Deutschland als ihren Großmeister verehrt, vereinigten sich alle Logen dieser wohlthätigen Brüderschaft die erfoderliche Summe zur Befreyung Herrn Forsters zusammenzuschiessen.

Der

Der Herzog Ferdinand Selbst, von Seiner angebohrnen Gröffe unwiderstehlich gedrungen, hatte den Erfolg seiner Vorstellung nicht abgewartet; sondern bereits zum Voraus aus Seiner eigenen Schatoulle das Geld vorgeschossen und nach London übermacht.

* * *

Diese Anecdote ruft das Publikum zu mancherley erheblichen Reflexionen auf.

Die erste ist, daß uns die Begebenheit des Herrn Forsters überzeugt, wie ungegründet das Vorurtheil sey, welches man von dem englischen Nationaldrang zur Beförderung der Wissenschaften, von ihrer Freygebigkeit für die Werke des Geists, von ihrer Achtung fürs Verdienst bisher hegte; und daß öfters der Ruhm der Tugend einer Nation in nichts als im Vortheil die Schminke aufzutragen; beruhe. In der That gereicht diese Begebenheit den Engländern zur Beschämung; und man wagt die Weissagungsschwachheit vielleicht nicht zu weit, wann man vermuthet, die englische Geschichte dörfte einst wünschen, diesen Fleck auswischen zu können, und sie würde in ihren zukünftigen Jahrbüchern mühselig darüber wegzuschleichen suchen.

Die

Die zwote Betrachtung ist nicht minder erheblich. Bis zum Ermüden hört man von den deutschen Schriftstellern des heutigen Tags die Töne — deutsches Vaterland —— deutscher Mann — deutsche Tugend — anziehen. Diese Töne liest man so oft, so vielfältig, daß sie das Ohr angreifen und den Nerfen wehe thun. Inzwischen hat bis dato keine einige aufgeklärte und unpartheische Seele entdecken können, worinn eigentlich das Verdienst beruhe, auf das sich diese Deklamationen gründen, und auf welcher Seite man jene Kennzüge, woran Zimmermann den wahren Nationalvorzug und Nationalstolz erkennet, in Deutschland aufsuchen müsse.

Es sey mir erlaubt, zu sagen, daß der gegenwärtige und ähnliche Züge — die man nur in der Lebens- und Regierungsgeschichte Friederichs II — findet, die ersten sind, welche die Nation berechtigen, den Laut deutsch mit Erhebung auszusprechen.

Friederich II hat bey dieser Gelegenheit gezeigt, daß, so wie er vom Geschicke bestimmt ist, alle andern Nationen durch seinen Arm zu beugen, er sie auch durch seinen Geist zu beschämen wisse.

6ter Band.   D   Und

Und nur wann Deutschlands Publikum noch mehrere dergleichen Thatsachen in seinen Annalen zählen wird; alsdenn werden seine Schriftstellere berechtigt seyn, mit dem Nahmen Deutschlands stolz zu thun. Bis izt — wenigstens von der Seite der Werke der Wissenschaften und der Litteratur angesehen — wäre es gut, wann sie den Ton etwas niedriger stimmten. Man mus auf dem Markte der Nationalverdienste billig seyn, vornehmlich aber seine eigene Waare kennen.

Von der dritten Betrachtung, wozu uns diese Anecdote Anlaß giebt, bin ich überzeugt, daß sie die Lesere selbst fühlen. Wie lang wird man noch an dem Nuzen der Freymäurerey, und an den eigentlichen Grundsäzen ihres Instituts zweiflen? Sie liegen vor Augen. Welche Polizeykasse, unter allen die die Freymäurerey als ein der öffentlichen Sicherheit verdächtiges Geheimniß verfolgen — ich darf diese Frage öffentlich stellen — würde zehntausend Thaler für die Errettung eines ehrlichen und verdienten Mannes aufopfern? Welche würde Muth genug fürs Vaterland, Empfindung genug fürs öffentliche Beste, Tugend genug für den leidenden Menschen haben, die Handlung der Freymäurerbrüderschaft an Herrn Doktor Forster nachzuahmen?

Ihr,

Ihr, die ihr euch zu dieser gesegneten Gesellschaft zählt — ihr ehrwürdigen Eingeweihten! ihr wißt, daß ich nicht zu euch gehöre; daß ich keinen Amtsberuf habe, euer Lobredner zu werden. Aber erlaubt mir, euch zu bewundern, und die Zeile aus dem Liede eines eurer Mitglieder anzusprechen:

Seid ihr gesegnet mir, ihr Freunde,
Uebt, was die Mäurerey euch lehrt!
Liebt euch; thut Allen wohl, macht glücklich eure
Feinde
O dann — dann seyd ihr unserer werth.

Anecdote
zur vorigen Anecdote.

(Von eben derselben hochachtungswürdigen Hand mitgetheilt.)

Eben dasselbe Schicksal, welches Herr Forster in England erfuhr, war einem andern berühmten Gelehrten — Herrn Carver — vorbereitet.

Er hatte zur nehmlichen Zeit eine nicht minder nüzliche und gefahrvolle Reise in Nordamerika, zur Aufklärung der Natur- und Staatengeschichte unternommen. Er war bis an die Quellen des Missisippi und San Pedro gedrungen.

Als er den Ersaz für die zum Dienste der Nation aufgewendeten Unkosten verlangte: so foderte man ihm seine Pappiere ab. Diese behielt man zurück, und wies den Verfasser mit seinem Gesuch ab.

Allein

Allein Herr Carver hatte aus einer wohlplacir‍ten Vorsicht zuvor eine Abschrift genommen: diese gab er, nachdem er sich vom Minister vergessen sah, unter dem Titel: John Carvers Reisen durch die innern Gegenden von Nordamerika in den Jah‍ren 1766, 1767 und 1768 ꝛc. ꝛc. Hamburg, bey Bohn 1780, ins Publikum, und verschafte sich hier‍durch von selbst den Ersaz, welchen seine Verdienste zu fodern hatten.

Berichtigung.

(Siehe zurück Chronologen Band I Seite 105 — Erfindungen im Jahr 1778 — Band II Seite 57 — Ueber die Schule des Abbé l'Epée.)

Ein Beytrag.
Ulm, 14 Weinm. 1780.

„Das vortrefliche, unserm Zeitalter Ehre machende Institut, Stumm-Taubgebohrne zu unterrichten, ist doch keine neue Erfindung. Ich besitze einen Traktat, in welchem hievon — freilich etwas undeutlich — geredt wird."

„Sein Titel ist: Kurzer Entwurf des eigentlichen Natur-Alphabets der heiligen Sprache, nach dessen Anleitung man auch Taub-Gebohrne verstehend und redend machen kan. Ans Licht gegeben durch F. M. B. v. Hellmont. Mit Kupfern. Sulzbach 1667."

„Auch das Combinationsschloß ist nicht neu. In Schwenters Deliciis Physico-Mathematicis Nürnberg 1636 kommt pag. 548. eine vollständige Beschrei-

bung

bung, eines solchen Schlosses vor, das sich, was 6 Ringen bestehend, 46656 mal verändern läßt."

„Dieser Autor bezieher sich auf einen noch ältern, nehmlich auf Gustavum Selenum in seiner Cryptographia, und dieser wieder auf Cartanum, Joannem Butconem et Jo. Jac. Wekerum. Schwenter sagt noch überdiß — weilen aber solche Schlösser sehr gemein so wol in fremden, als in unserm Lande."

„Vielleicht finden sie diese Bemerkungen würdig, sie in ihr Journal aufzunehmen."

C. M.

Noch eine Berichtigung.

* * *

Im fünften Band der Chronologen, Seite 175, die Etiquette

Sixt VI, Adrian und die *Via Salaria*,

ist ein offenbarer Schreibfehler.

Ich ersuche wegen meiner Unachtsamkeit um Vergebung. Man beliebe, wie sich ohnehin verstehet, zu lesen:

Pius VI. ꝛc. ꝛc.

Vom Verfasser der Chronologen.

* * *

Die Grosmuth auf dem Richterstuhl.
Eine Anecdote aus dem Rieß.

Unter den Parthien des schwäbischen Kreises, welche durch die Ordnung ihrer Staatsverwaltung sich hervorthun, ist, wie man weis, das Fürstenthum Wallerstein. Die Vollkommenheit seiner Geseze, die Genauigkeit seiner Rechtspflege und die Fähigkeit seiner Beamten bestättigen, was man längst gesagt hat, daß wann die Vorsicht auf der einen Seite die Gränzen eines Landes beschränkt hat: so giebt sie ihm auf der andern Seite nicht selten den Vorzug einer desto weisern Regierung.

Diß ist der Fall der fürstlich Wallersteinschen Lande. Zu den Aemtern desselben gehört das Oberamt zu Hochhaus. Dieses wird vom Baron von Schönemark, als Oberamtmann verwaltet. Eine gerechte und aufgeklärte Seele, welche der wahre Zeugug einer edlen Geburt ist, hatten dem Baron schon längst die Hochachtung des Publikums erworben.

Folgender Zug aber wird ihm ein Denkmal in dem Geiste aller seiner Nebenglieder auf dem Tribunal der Justiz erwecken. Eine Wittwe — und was noch mehr ist — eine Jüdin war gemüssigt, einen hartherzigen und spröden Schuldner bis vor seinen Amtsstuhl zu verfolgen. Der Schuldner war noch so boshaft, die Forderung im Angesichte des Oberamtsrichters abzuläugnen.

Nachdem der Baron die Umstände genüglich erhoben hatte: so empfand er, daß auf der einen Seite die Erhebung der Schuld wichtigen Verzögerungen unterworfen, daß er aber auf der andern Seite von den armseligen Umständen der Wittwe und von der Gerechtigkeit ihrer Sache durchdrungen wäre.

Die Sache auf einen Termin verlegen schien ihm, die Klägerin der Schikane Preiß geben. Er nahm also ihre Verfechtung auf sich selbst, zog den Beutel und gab der Wittwe die Summe, im Angesicht des Gerichts, von seinem eigenen Geld.

Ueber diesen unvermutheten Zug war der Schuldner so beschämt, daß er die Schuld eingestand, und sie dem Oberamtmann ersezte, der noch so großmüthig war, ihm leidentliche Fristen zu schenken.

Sollte

Sollte man behaupten, daß diese Anecdote all zueinfach, allzutrivial wäre, um unter den Gemälden der Menschlichkeit, der Verfeinerung, der Aufklärung, womit uns die Denkschriften unserer heutigen Zeit unterhalten, eine Stelle zu verdienen? Man werfe einen Blick auf die beliebtesten Journale des Tags — die Ephemeriden der Menschheit, die Magazine, die Merkure; und man fühle, ob sich unter den Anecdoten, die sie zur Schau aufstellen, nicht unendlich unerheblichere an Interesse ärmere Materien befinden.

Modena und Ferrara.

Eine der ersten unter den Handlungen, wodurch der Herzog Herkules Reinald zu Modena die Regierung des durch den Tod seines Herrn Vaters erledigten Throns anfieng, ist, wie man sagt, die Abschaffung der Inquisition.

Diß ist eine Gerechtigkeit, die er der Menschlichkeit leistete. Aber scheints nicht, daß ihm das Schicksal noch eine andere Handlung der Gerechtigkeit vorbehalten habe — die, welche er, der Asche seines Groß-Ur-Vaters schuldig ist? Das Licht ist angebrochen, die Rechte der Thronen zu erleuchten.

Alphons, Herzog von Este, Regent zu Modena, Carpi und Ferrara, war rechtmäsiger Beherrscher dieser Staaten. Er vermählte sich in der Mitte des sechzehnten Jahrhunderts — nach eben demselben Recht vermög dessen Souverains über die Gesezze sind, und im mindesten keinen Richter ihrer Handlungen erkennen — an ein Frauenzimmer von bürgerlichem Stande, Laura Eustachia.

Er

Er starb; und auf ihn folgte sein aus dieser Ehe gebohrner und nach allen Regeln von Alphons legitimirter Sohn, Alphons II. Dieser nahm eine fürstliche Gemahlin aus dem Hause Urbino.

Cäsar von Este, der aus dieser erlauchten Ehe entsprungene Sohn, war demnach bey dem Absterben seines Vaters, 1597, in allem Betracht rechtmässiger und unwidersprechlicher Erb des Throns Modena, Carpi und Ferrara.

Die europäischen Prinzen, Zeitgenossen dieser Successionen, sahen denselben ohne Widerspruch zu. In der That, man kan nicht sagen, daß es Imbecillität oder Unmacht war, welches die Päbste Sixt V und Gregor XIV hinderte, das zu thun, was ihr Nachfolger that. Wann man die Politik des ersten, und die Ambition des zweiten betrachtet: so muß man überzeugt seyn, daß sie für die Befugniß des Modenesischen Hofs Ehrerbietung trugen, weil die Gerechtigkeit gleichwol die heiligste und unaustilgbarste Empfindung der Sterblichen ist.

Auch schien es, daß ein Angrif auf die Rechte von Modena gefährlich seyn müste, nachdem dieser Staat, so wie Parma, Piazenz und andere, ein
Lehn

Lehn des deutschen Reichs, und folglich ein heiliges Depot des Schuzes seiner Monarchen war.

Unterdessen fand der Nachfolger des neunten Innozenz, Clemens VIII, seinem Belieben gemäß, die Provinz Ferrara den Staaten des heiligen Peters einzuverleiben. Es war genug, vorzuwenden, daß sein Vater aus unrechtmässiger Ehe gebohren sey, um den jungen Cäsar von Este durch ein päbstliches Breve des Throns zu entsezen.

Die Zeiten waren damals so, wie sie öfters sind. Der Zusammfluß einer allgemeinen Verwirrung in Europa hinderte die mächtigeren Prinzen, welche von der Vorsicht zum Schuz wider die Verfolgungen der Unschuld berufen zu seyn schienen, sich der gegenwärtigen Sache anzunehmen. Henrich IV, dieser bidermännische Ritter, von dessen gerechtem und grossen Geist der Herzog von Modena am ersten Hülf erwarten konnte, war mit den Spaniern verwickelt. Der Kaiser lag den Türken in den Haaren, und hatte Reichstäge zu entledigen und Empörungen zu dämpfen.

Der Pabst ermangelte nicht, alle diese Unruhen unter der Hand anzufachen und die Glut in Europa zu zu unterhalten. Er trat an der Spitze von achttausend Pferden und fünftausend Landsknechten in der Stadt Ferrara als Herr ein.

Seit dem ist, wie man sagt, dieser schöne und von der Natur zur Fruchtbarkeit ausersehene Erdfleck traurig. Seine Einwohner sind arm, verzweiflungsvoll und unter dem Joch der strengsten Sclaverey schmachtend. Sie schlagen die Fäuste auf die Brust, und beseufzen mit gen Himmel gerichteten Augen die Zeiten der Regierung der Alphonse, wo die Sonne zu Ferrara lächelte, und die Erde blühete.

Indem man diese Betrachtung wagt, so sucht man nicht die Frage zu prüfen, ob der canonische Geist die Kirche berechtigt, sich mit zeitlichen Gütern zu bereichern: noch weniger, ob er zulasse, dieses mit dem Schaden Anderer zu thun. Man will nicht untersuchen, ob der Pabst befugt gewesen sey, die Hände an eine Provinz, die ein Reichslehn ist, zu legen: ob es für den Vater der Kirche, der die Fehler seiner Kinder mit dem Mantel der
Liebe

Liebe und der Verſchwiegenheit bedecken ſollte, nicht anſtößig iſt, den Enkel eines ihrer Prinzen öffentlich zum Hurenkind zu erklären: ob Jeſus Chriſtus, wann er auf die Erde wieder herabzuſteigen würdigen ſollte, die Erwerbung von Ferrara billigen würde.

Kurz, man will keine aufwieglerifche Gesinnungen führen. Die Frage ist blos, was ein Fürſt in unſern Tagen der Ehre ſeines Hauſes und dem Wohl ſeiner Unterthanen ſchuldig ſey.

Ueber den Superintendent Ziehe seel.
Oder
die neuesten Weissagungen.

Man muß gestehen, es ist eine undankbare Kunst ums Weissagen. Für einen einzigen Elias der in einem brillianten Wagen von einem Planet in andern reist, haben wir zween Eliase, die für ihre Offenbarungen ins Zuchthaus gesteckt wurden. Die meisten Propheten des alten Testaments wurden entweder von Tirannen oder vom Pöbel mishandelt. Und Herr Superintendent Ziehe stirbt sogar, ohne den Zeitpunkt seiner Offenbarungen zu erleben.

Alles, sage ich euch, kommt auf den Augenblick an, in welchem ihr auftrettet. Fünf und dreissig Jahre später wäre Mohämed vielleicht ausgelacht worden, und Aly hätte eine Sekte gestiftet. Heut zu Tag würde man ihn — nicht verbrennen, aber — auf die Galeere schicken. Unterdessen kam Herr Superintendent Ziehe um nicht mehr als ungefähr acht und vierzig Jahre zu spät.

Man will nicht behaupten, daß es nicht möglich sey, zukünftige Dinge einzusehen. Diß ist jene Gabe, welcher die Schöngeister des heutigen Tags den Nahmen verhüllte Innigkeit, harmonisches Gefühl, magische Welt geben, wann sie von den Werken der Kunst reden. Es ist jener Schwung der Seele,

- - qui se fait voir tantôt aux sermons,
tantôt aux spectacles, tantôt à la Grève,
tantôt au Sabbat.
Voltaire.

Unstreitig wars das harmonische Gefühl, welches die Jeremias, die Daniels, die Habacucs belebte. Aber der Wind bläst, wo er will. So viel wissen wir gewis, daß Herr Superintendent Ziehe zu Cellerfelde, der neueste Prophet, der uns seine Begeisterungen mittheilte, sich geirret hat.

Das Publikum kennt sein Ebentheur. Er prophezeyte in einer öffentlichen Schrift, daß der Erde eine wichtige Revolution bevorstünde. Ein merkwürdiges Erdbeben würde einen Theil ihrer Figur gänzlich umändern.

Es würde nehmlich das südliche Europa vom nördlichen abgerissen werden. Dem nach würden
die

die Alpen, Deutſchland, Frankreich und die Niederlande von den Küſten der See, Böhmen von Bayern, dieſes von Oeſterreich et coetera getrennt werden.

Der Bruch würde ſenkrecht unter den Alpen, am Fuße des Sankt Gotthards, entſtehen und mitten durch den Bodenſee gehen. Er würde den Rhein und alle andern benachbarten Gewäſſer verſchlingen, et coetera.

Und hiezu ſezte er den 28ten September dieſes Jahrs feſt.

Der acht und zwanzigſte September iſt vorbey. Es hat ſich lediglich nichts ereignet; und Herr Superintendent Ziehe iſt nunmehr, wie billig, das Geſpött der Geſellſchaften.

Die Meinung, daß die Erde unaufhörlichen Veränderungen unterworfen ſey, war der Grundſaz der Weltweiſen aller Zeiten, von Thales bis auf Buffon. Hätte der Superintendent Ziehe die Details und das Datum weggelaſſen: ſo wäre alle Kritik über ſeine Prophezeyung weggefallen. Sie wäre vielleicht ein ernſthafter Gegenſtand der Diſſertation der Gelehrten worden. So wahr iſts,

E 2 daß

daß alles an den Nebenumständen hängt, oder vielmehr an der Brühe, in welcher man die Sache auftischet.

Man war blos über den Stof im Widerspruch. Die eine Parthey behauptete, es geschehe durchs Feur: die andere schrieb es dem Wasser zu. Herr Superintendent Ziehe sezte sich, wie es scheint, zwischen beyde Partheyen in die Mitte.

Was sollte ihn hindern, diese Offenbarung zu wagen, und wie wenig hatte er nötbig, sie zu erfinden? die Helfte von Amerika ist sichtbarlich von den Austrettungen des Mississipi, des San Lorenzo und anderer Flüsse unter Wasser gesezt. Wir sehen alle Tage Holland abnehmen, und seine Bewohner sind keinen Augenblick sicher, durch einen Einsturz der See plözlich verschlungen zu werden. Nichts ist wahrscheinlicher, als daß viel hundert Eiländer ehemals mit dem festen Land zusammhiengen. Daß Amerika nur durch irgend eine merkwürdige Revolution von Asien getrennt worden, ist die allgemeine Theorie unserer Philosophen.

Die Lava des Vesuvs beweist unumstößlich, daß die Erde mit einer Menge Dünste geschwängert sey, welche alle Augenblick bereit sind, aus ihren Kerkern zu brechen und Verwüstung anzustellen; weil, wie man weis, nichts dazu gehört, um materielle Körper lebendig zu machen, als ein Bisjen Reibung.

Sie beweist, daß die Küsten des Ganges, des Nils, der Donau, des Rheins aus Staub, Minern, Schwefel und Dünsten bestehen, die heut oder morgen in Gährung gerathen können; und daß die Erde eigentlich nichts als eine Kugel von Glas sey, so wie unsere Ideen. Gieng der Prophet zu Cellerfelde von diesem Prinzip aus: so ist er eben nicht so lächerlich. Man mus gestehen, es war nicht schwehrer zu sagen, daß sich am 28 Sept. eine Revolution ereignen würde, als, daß sich keine ereignen würde.

Wenn es gewis ist, daß das Weltsystem von einer ewigen Dauer ist, ists eben so gewis von dem Planeten, den wir bewohnen; von diesem aus Staub, Wasser und Schwefel bestehenden Klumpen?

So ist der Rathschluß des unerbittlichen Schick-
sals:
Luft, Erde und Waſſer, mit den ſchimmernden
Pallåſten
Der Götter, ſollen in einem Feurſtrohm
vergehn! *)

Ovid.

Aber den 28 September unvermeidlich dazu feſt-
ſezen — das iſt zu viel! Nur ein Gott durfte dieſes ungeſtraft wagen. **)

Eine Moral die wir nicht übergehen dürfen,
liefert uns dieſe Prophetengeſchichte. An verſchiedenen Orten, die der seelige Superintendent Ziehe
mit dem Untergang bedrohete, zu Altona, Cob-
lenz

*) Eſſe quoque in fatis reminiſcitur adforte tem-
pus
Quo mare, quo tellus, correptaque regia coeli
Ardeat et mundi moles operoſa laboret.

**) — — und ich ſage euch, die heutige Generation
wird nicht vergehn, ſo wird diß alles erfüllt ſeyn.
Luc. XXI-32.

lenz ꝛc. ꝛc. sollen sich mehrere Familien aus der Stadt gerettet haben.

Die Furcht regierte also die Menschen immerzu. Dieser mächtige Seelenzug, der so oft das Werkzeug der Tirannen und der Betrüger war, wirds also bis ans Ende der Welt bleiben?

Impiaque aeternam timuerunt saecula noctem.

Schwäbische Briefe.

Memmingen.

Ich werde die Nachrichten, die ich ihnen, gnädiger Herr, aus Schwaben versprochen habe, nicht über den Ton stimmen, der unter den schönen Geistern gegenwärtig Mode ist: Nun bin ich zu Rom! Den Pabst hab' ich auch schon gesehen.

Ich hoffe, ihnen etwas erheblicheres zu sagen: und diß Erhebliche werde ich mich in einem so gesezten und ehrerbietigen Ton zu sagen bemühen, als mir möglich ist.

Wie soll man Reisen schreiben? Diese Frage scheint für das Achteljahrhundert, worinn wir leben, aufgehoben zu seyn. Je mehr das Publikum unsers Tags in den Geschmack an Reisebeschreibungen verliebt ist; je mehr sich die reisenden Schriftstellere vervielfältigen: desto mehr verdient es, meines Erachtens, die Aufmerksamkeit der Kunstrichter, wie man das Verdienst einer guten Reisebeschreibung bestimmen soll: einer Reisebeschreibung, worinn

worinn das Angenehme mit dem Nüzlichen verknüpft, worinn weder zu viel noch zu wenig gesagt ist.

Der Himmel behüte mich, daß ich mich dieser Frage anmaſſe. Man könnte leicht ins Abentheuer fallen, selbst beschrieben zu werden: wie es einem bejammernswerthen Autor gieng, der unter dem Nahmen Anselmus Rabiosus eine Reise, in kritischem Geschmack, von Schwaben zu schreiben wagte.

Diese Erörterung gehört für keinen andern Richterstuhl, als für den Richterstuhl der Büschings, der Riedesel, der Sulzer und ihres Gleichen, die mit der Lehre, wie man reisen soll, zugleich das Muster, wie man Reisen beschreiben müsse, zu vereinigen wissen.

Die Alten machten die Geschichte und die Sitten der Völker, die Beschaffenheit der Natur, der Regierungsform, zum Gegenstand ihrer Reisebeschreibungen. Aber indem sie den Kreis ihrer Wanderungen in einem allzuengen Standpunkt beschränkten: so fielen sie in den Fehler, sich sehr viel auf Hörensagen, auf fremde Erzählungen, zu verlassen; und daher führen sie zuweilen Märchen und

Wunder an, die bey der aufgeklärten Nachwelt zum Gelächter wurden.

Wir, die wir Alles, mit eigenen Augen sehen wollen, die wir nicht anderst als mit dem Fernrohr in der einen, und dem Zirkel in der andern Hand, reisen, fallen in den zweiten Fehler. Wir halten uns zu viel bey Kleinigkeiten, bey nichtswürdigen Gegenständen auf. Wir machen Dinge wichtig, die an sich Nichts sind, und die das Mitleiden der Alten verdient haben würden.

Beyde führten hierdurch zu einerley Fehler. Nicht zu dem, daß sie den Verstand irre führen, daß sie Thorheiten und Vorurtheile ausbreiten; dann ich glaube, daß es in allen Zeiten hellsehende Geister gab, welche das Wahrscheinliche vom Unnatürlichen zu unterscheiden; welche Alles was sich nicht mit den unveränderlichen Gesezzen der Natur und der Vernunft vertrug, von der Wahrheit abzusondern wusten. Sondern zu jenem, daß sie Zeitverlust verursachen.

In der That, gnädiger Herr: ich fürchte wirklich, daß diß mein eigener Fehler ist, wann ich fortfahre, meinen Brief durch unnüze Betrachtungen zu vergrössern.

Nicht

Memmingen.

Nicht der Horizont ists, welcher die Natur der Länder und die Sitten der Einwohner bestimmt. Die Regierungsform, die Erziehung, die Gesezze und Wissenschaften, und dann die Kultur machen die Länder zu dem, was sie sind. Diß ist so gewis, daß die Lykurge, die Scipione, die Wittekinde, wann sie wieder auferstånden, ihr Vaterland nicht mehr kennen würden.

Warum vergißt man in allen ernsthaften Låndergeschichten das schöne Geschlecht? Ein trokner Pedantismus, der von der barbarischen Moral der Alten und ihrer verwirrten Schullogik herrührt, hat es zum Grundsaz gemacht, diesen Punkt nicht zu berühren.

Man redet von den Pferden, von den Wölfen, von den Insekten, von den Krankheiten eines Lands: aber von der angenehmen Helfte seiner Einwohner zu reden, das wåre ein in der Theorie der Litteratur verrufenes Verbrechen.

Welcher Irrthum! Alle Grundsåze der Vernunft und einer gesunden Physik überzeugen uns, daß der Busen, in welchem wir entspringen, in welchem wir Leben und Bildung empfangen, natürlicherweis einen grossen Anspruch auf unser Temperament

haben

haben müsse; daß er eine Portion zur Mischung unserer Seele beytrage.

Nicht genug. Das Frauenzimmer ists, welches den frühesten Theil unserer Erziehung besorgt. Den Ueberrest des Lebens leiten, beherrschen sie uns mit eben so unwiderstehlichen als angenehmen Banden. Dann man weis, daß es unser Schicksal ist, daß wir von der Natur mehr Herz als Kopf empfangen haben.

Sie sind also ein würdiger Gegenstand unserer Beobachtung. Die Gelehrten sollten ihnen um so mehr Ehrerbietung widerfahren lassen; da sie heut zu Tag die Beschützerinn der Wissenschaften worden, und den Ton in der Gesellschaft geben. Wann sie nicht der geistreicheste Theil der Geschichte sind: so sind sie wenigstens der reizendste.

Diese Betrachtung, gnädiger Herr, bringe ich ihnen nicht, um sie auf einen Roman vorzubereiten. Ich bin nicht Willens dem schönen Geschlecht meine Cour auf ihre Kosten zu machen. Aber sie geruhen zu bemerken, wie ungerecht es ist, wann man einigen Schriftstellern, die diesen Punkt im Vorbeygehen berührt haben, vorwirft, daß sie der

Lüder-

Lüderlichkeit ergeben wären, daß sie sich prostituiren, daß sie von den Franzosen angesteckt wären.

Sie werden mir erwidern, dieses sey blos von der Canaille in der Litteratur geschehen, von einigen verächtlichen und heillosen Gassenhauern. Aber erinnern sie sich nicht, daß es das Fatum der Schriften ist, daß die Canaille von der Menge gelesen wird, gute Schriftstellere aber blos von einer gewissen Anzahl auserlesener Geister.

Warum sollte man sich übrigens wundern, daß das weibliche Geschlecht in der ernsthaften Geschichte ausgeschlossen blieb? Unsere Litteratur rührt vom Erbtheil der Mönche her. Die Verschnittenen waren immer dem Frauenzimmer feind.

Memmingen.

Die natürliche Lage Schwabens ist keine der schnödesten. Das Land liegt zwischen zwo der schönsten Küsten von der Welt, des Bodensee und des Rheins. Es hat vortrefliche Flächen. Die Natur scheints zu einem mahlerischen Prospekt geschaffen zu haben. Es hat im Ganzen sowohl vertheilte Gebürge, Wälder und Städte, welche die vortreflichste Haltung zu einem ländlichen Bilde geben würden.

Aber

Aber vergebens geht die Sonne in Schwaben
alle Tag auf. Vergebens grünen die Wälder.
Umsonst glänzt der Mond

in rosenfarbem Schimmer, den er
der Sonne entwendete, um den Sterblichen zu
lächeln.
Thomson.

Es ist kein Maler da, der diese Schönheiten
aufnimmt. Der Tempel der Grazien liegt in
Schwaben öde.

Man fragt, welches die eigentliche Kennzeichen
seyen, woran man den Grad des Wohlstands eines
Landes erkennen müsse. Ists Bevölkerung? Wohlgebaute Häuser, oder gut gekleidete Menschen?
Blüte der Kultur? Theurer Länderpreiß? Niedrige
Steuren? Schauspiele und Lux?

Alle diese Umstände hat man Tour a Tour dazu angegeben. Ich glaube an keinen davon, weil
sie, wie ich sehe, sämmtlich Wirkungen entweder
des Zufalls oder einer Nothwendigkeit, sie sey physisch oder moralisch, sind. Das einige wahre Kennzeichen, welches ich für das Prinzip halte, den
Wohl

Wohlstand eines Landes zu beurtheilen, ist — die Güte seiner Gesezze.

Es ist wahr, man müste, für einen Reisenden, sehr viel Glück haben, um ins Innere dieses Verhältnisses zu dringen. Es müsten sich sehr ausserordentliche Zufälle vereinigen, um einen Fremden in diese Einsichten zu sezen.

Aber durch was veroffenbaret sich der Vorzug der Gesezze an einem Lande mehr, als durch die Vaterlandsliebe? Wo soll man ein äusserliches Kennzeichen der Vollkommenheit seiner Regierung deutlicher wahrnehmen, als an dem Hang der Bürgere zu ihrem väterlichen Lande?

Diß war der Leitsaz, den ich mir auf allen meinen Reisen zur Richtschnur meines Urtheils vom Wohlstand der Länder genommen habe. Und er hat mich nie betrogen.

Was er mich in Ansehn Schwabens belehrt hat; das werden sie in der Folge zu erfahren geruhen.

Memmingen.

Ausser den Trümmern einer Fabrik von unächtem Porzellan, die ein Denkmal eines der verehrensrenswürdigsten Bürgere Deutschlands, des in glänzenden Umständen zu Wien verstorbenen Banquier von Kuner, ist, finde ich nichts Auffallendes hier zu Memmingen.

Die Reichsstädte haben dieses Eigene, daß die Monumente der öffentlichen Zierde, des Ruhms und der Künste in ihnen immer seltner sind, als in souverainen Staaten, weil ein sehr ungewöhnlicher Schwung des Patriotismus in demokratischen Regierungen dazu gehört, dem Publikum ein Opfer zu bringen, dessen Grundsaz nur die Ehre ist.

Inzwischen beobachtet man zu Memmingen eine Merkwürdigkeit, die vielleicht ungleich dauerhafter patriotischer und gemeinnüziger ist, als alle Denksäulen von Stein, alle Fabriken der Künste. Es ist ein Gesellschaftstheater.

Kleinen Städten, deren Beobachtungskreis beschränkt ist, und die entweder von der Natur oder von einem unerbittlichen Schicksal zu einem einförmigen und steifen Ton verdammt sind, kan man die Einführung der Gesellschaftstheater nicht genug anpreisen. In ihnen kommt alles auf die Güte der Sitten an, und ihre Erhaltung hängt bloß von ihrer Tugend ab.

Oeffent-

Oefentliche Bühnen streiten wider das ökonomische Wohl des Publikums, welches einer der vornehmsten Grundsätze in Republiken seyn muß. Ausserdem laufen sie selbst gegen den Grundsaz der Sittenverbesserung in kleinen Städten. Dann man irrt sich sehr, wenn man glaubt, daß es die Schauspielere von Profession sind, welche uns das Modell der guten Manieren lehren.

Der natürliche Genie, seiner eigenen Entwicklung überlassen, und von einer gesunden und gebildeten Vernunft geleitet, hat weit mehr liebenswürdige Menschen gemacht, als alle Theatervorstellungen.

Die Gruppen der öfentlichen Schauspieler sind nichts als Karrikaturen, erbettelte, übertriebene Grimmassen. Wie sollte ein feiler, von Eitelkeit eingenommener Mensch mit der Anlage, mit der Wärme, mit der Leidenschaft spielen, wie ein junges Mädchen, der zum öftern ihre Parthie von der Natur selbst zugetheilt ist, und die für sich selbst spielt, indem sie ihren eigenen Roman spielt.

Diese Erfahrung kan man zu Memmingen machen. Ich habe nicht nur bloße Handwerker, und zwar mit einer Wahrheit spielen sehen, die an das Talent

Talent der le Kains und der Eckhofe reicht: sondern man hat mich versichert, daß die junge Schöne, die ich in der Rolle der Sophie, der Minna und der Pamela so sehr bewunderte, ihre eigene Person spielte.

Memmingen.

Wann die Schaubühne, von einer gewissen Seite betrachtet, nichts ist als ein erhabenes Puppenspiel; wann sie zu nichts dient, als den Kopf zu romantischen Begriffen, und den Körper zu affektirten Stellungen zu verführen; wann, weit entfernt den Menschen so darzustellen, wie er wirklich ist, ihr Endzweck blos ist, ihn auf einer Höhe zu zeigen, die ihm nicht natürlich ist, und die er niemals erreichen kan; kurz, wann die Schaubühne den Zuschauer blos in eine bezauberte Welt versezt, und durch ihre erdichteten Geschichten entweder sein Herz unnöthigerweis verwundet, oder seinen Geist verwirrt: so führen die Privattheater zum mindesten den Nuzen mit sich, daß sie, bey einer glücklichen Wahl der Stücke — und wer hindert gesunde Köpfe, Lokalstücke aufzusezen? — beytragen kan, die Gesellschaft zu verfeinern, und eine Zeit, die sonsten verlohren, oder wenigstens zu unedlern Unter-

Unterhaltungen angewendet wäre, angenehm zu vertreiben.

Dieser Einfluß offenbart sich sichtbarlich zu Memmingen durch einen gewissen Geschmack in den Sitten und Gesellschaften; durch die Soziabilität des Orts; durch den verfeinerten Karakter der Einwohnere; durch ihre Entfernung vom Trunk, vom Spiel, und anderer den kleinen Städten sonst gewöhnlichen Inklinationen: mit Einem Wort, durch eine gewisse Politur.

Irre ich mich nicht: so habe ich diese Kennzüge zu Memmingen bemerkt. Man hat mir einen Akteur vom Gesellschaftstheater gezeigt, der ein Becker von Profession ist. Dieser Mann ist von einem so geistvollen Umgang, und von so guten Manieren, daß er wenigstens einen Aldermen zu London, oder einen Hofjunker zu Basel vorstellen könnte.

Nach der Gesellschaftsbühne weiß ich Ihnen von Memmingen nichts mehr anzupreisen, als die Industrie, welche diesen Ort bekannt macht. Memmingen ist eine Art von Stapel zwischen Tyrol, Bayern, der Schweiz und Schwaben. Eine Situation, aus welcher natürlicherweis fließt, daß es allhier ansehnliche und verehrenswürdige Handlungshäuser giebt.

Ulm.

Ob es in Schwaben Alterthümer giebt? Ohne Zweifel. Die Bäume, die Flüsse, die Berge, der Mond und vornehmlich — der Geschmack der Innwohnere.

In der That müssen Sie über diesen Punkt die Antiquitätenhändlere zu Augspurg, zu Stuttgartt, zu Salmanswenler, die Hübner, die Essich und die Zapfe fragen. Schwaben hat, wie alle übrigen Länder der Erde, seine Alterthumsgrübler, die das Barbierbecken des Peter Aoudri und seiner Frau Peronelle für den Helm Achills ansehen.

Die Geschichte der Alterthümer ist, wie man weiß, eine Thorheit. Alles was den Menschen nicht angehet, das ist für ihn verlohren, ist ihm unnnöthig zu wissen: und was Ihn selbst betrift: so war er sich zu allen Zeiten gleich. Immer ein Zusammensatz von Tugenden und Laster, der vom Zufall, von seiner Leidenschaft, oder von Betrügern regiert wurde.

Welches

Welches waren die gröſten Narren, die Egipter, die Sineſen, die Römer, die Cimbren oder wir? Wer opferte zu erſt einer Kaze? Vermuthlich der am meiſten von den Mäuſen geplagt war.

So ſind die Fragen ums Alterthum beſchaffen. Unterdeſſen enthält Ulm eine Antiquität, welche für diejenigen ſo dergleichen Dinge lieben, anziehend iſt. Ich meyne den Dom.

Ich der ich nicht in die Kunſtgeheimniſſe einge-weihet bin; der ich weder Verhältniſſe noch Reinheit der Formen, noch harmonirende Schwürigkeiten, noch irgend eine von den maleriſchen Schönheiten ver-ſtehe, womit ſich die heutigen Schriftſtellere ausdrü-cken: in deſſen Seele niemals ein Babelsgedanke ent-ſtanden iſt: ich würde mich vergebens bemühen, ih-nen dieſes Gebäude zu erklären. Ich habe für mich nichts daran gefunden, als eine Maſſe von groſſen Säulen, Bogengängen und Verzierungen, wie man ſie an mehrern Orten ſiehet.

Dieſe Maſſe ſchien mir ein ziemlich gutes Ganzes zu formiren. Hauptſächlich aber fand ich eine kühle und friſche Luft darinn lobenswürdig, die mir bey der gegenwärtigen Sommerhize ſehr wohl zuſchlug.

F 3   Wie

Wie frisch leuchtet er im Morgenduftglanz
mir entgegen. Deiner Gunst dank ichs, Genius,
daß mirs nicht an seinen Höhen schwindelt, daß
in meine abgemattete Seele ein Tropfen sich
senkt der Wonnenruhe, die auf solch eine
Schöpfung herabschauen, und sprechen kann:
es ist gut!

Göthe.

Nichtsdestoweniger enthält Schwaben ein gewisses Alterthum — ein wahres und seltenes Alterthum — die gröste Denkwürdigkeit unter allen in der Geschichte. Es ist seine Geographie. Unter allen Nationen auf der Erde ist vielleicht die schwäbische die einige, die den Sitten der alten Germanen, in Absicht ihrer Wohnart und Regierungsformen am meisten ähnlich geblieben.

Die Zerstreuung der Völkerschaft in Wälder, Thäler, einzelne Dörfer und Herrschaften; ihre Wohnplätze an Flüssen und Gebürgen; und dann selbst ihre Staatskörpersform, welche aus einer Menge von einander verschiedener Regierungen, Stände, Republiken, Ritterschaften, Freygütern und Selbstherrschaften besteht, und wovon man im ganzen Reiche kein dergleichen Beyspiel findet, stellt
uns

und das Bild des uralten Deutschlands, wie es Tacitus und andere entworfen, noch in seiner möglichsten Fassung vor.

Nichts liefert, dünkt mich, zum Beweis, daß die Deutschen niemals überwunden wurden, eine überzeugendere Urkunde, als die Geographie Schwabens. Vielleicht, wann Karl der grosse wiederkäme: so würde er sein Vaterland nirgendswo mehr erkennen, als in Schwaben.

Ulm.

Ja, gnädiger Herr, in der Oekonomie des europäischen Staatskörpers ist die wunderbarste Maschine das deutsche Reichssystem, und in dieser der schwäbische Staat. So viel von einander unabhängige Potenzen, die in ihrer Politik, in ihren Staatsgesezen, in ihrer Länderverfassung, in ihren Sitten verschieden sind, zu einerley Zweck zu leiten, so vielerley Interessen in Einem Mittelpunkt zu vereinigen, ist mehr, als worauf das Parlament Großbrittaniens, oder ein polnischer Reichstag stolz seyn darf.

In diesem Lichte betrachte ich den Kreistag zu Ulm als eine der erlauchtesten und ehrwürdigsten

Versammlungen der Welt. Es ist keine Kunst einen grossen und mächtigen Staat zum Ziel führen, weil es nur ein starkes, aber an sich sehr einfaches Triebwerk erfordert. Aber einen Staat, wie der schwäbische Kreis, leiten, erfordert ein Triebwerk, welches von sehr zusammengesezten Umfang ist, dessen Federn in einem sehr richtigen Verhältnisse stehen; ein Triebwerk, welches sich mehr auf Genie, als auf Stärke gründet, um, je kleiner und minder beträchtlicher diese sind, keines seiner Glieder auszulassen.

Ich weis nicht, ob diese Reflexion ihren Beyfall verdienen wird. Das wichtigste, was sie ihr entgegen setzen könnten, wäre, wenn sie behaupten wollten, troz meiner erhabenen Begriffe von der Weisheit des Ruders gehe immittelst die Sache blos maschinenmäßig zu.

Hier, gnädiger Herr, lege ich die Hand auf den Mund. Ich verstehe, worauf sie zielen. Man kan nicht läugnen, daß die Schwaben einfältige Leute in diesem Punkt sind. Vielleicht giebts kaine Nation in Europa, die von der politischen Verfassung ihres Landes, vom Verhältnisse der Staaten, vom Rechte der Herren und der Völker, vom Pro-

vinzial

vinzialsystem weniger unterrichtet ist, als die Schwaben. Religion und Steuren, hierinn bestehet ihr Symbol.

Unterdessen wann im Busen isolirter Republiken, geistlicher Stände und einiger anderer kleinen Herrschaften jene blinde Unterwürfigkeit sich noch erhält, die ein Erbtheil der Lehensverfassung und der geistlichen Politik ist: wann in diesen Theilen das Licht zum Besten des Despotismus und der Anarchie unterdruckt wird: kan man eben diß von dem wohlgebildeteren Theil des Staats, von Wirtemberg, Baaden, von den Ländern der Fürsten zu Wallerstein, zu Löwenstein sagen?

Gewiß die ewigen innerlichen Empörungen, welche in einem Theil der Reichsstädte, in den Rittercantons, in den geistlichen Stiften glühen, und welche die Reichsgerichte mit unendbaren Prozessen ermüden, beweisen zwar daß die allgemeine Verfinsterung noch ihre Schlupfwinkel in Schwaben habe.

Aber die Ordnung, die Thätigkeit, die Uebereinstimmung, womit sich der schwäbische Kreis bey allen Gelegenheiten unterscheidet, bekräftigen, daß ein Geist der Weisheit im Ganzen wehe, der der

wahre

wahre Kennzug einer wohlunterrichteten Politik ist.

Ulm.

Ulm, gnädiger Herr, ist verhältnißmäſſig weniger steif und kleinstädtisch, als andere Reichsstädte. Diß ist der Vortheil aller kleinen Städte, die ihrer Lage nach dem Besuche der Fremden und Reisenden mehr ausgesetzt sind.

Ausserdem erwirbt ihr die Residenz des schwäbischen Kreises, der seine gewöhnliche Versammlungen hier hält, Vortheile, die sich in die Sitten der Einwohner und in die Bildung des Publici verflößen.

Die Stadt hat in der Sizung des schwäbischen Kreises nur die vierte Stelle. Sie verdient aber die erste, wegen der Artigkeit ihrer Lebensart, und vornehmlich wegen der Schönheit ihres Frauenzimmers.

Man kan nicht läugnen, daß sich unter dem Magistrat Häuser befinden, welche dem Adel ihres Geschlechts, und dem Grad ihrer Reichthümmer Ehre machen: und was das schöne Geschlecht betrift:

trift: sie sind die Lesbierinin unter den Schwäbinin.

Ein schlanker und harmonischer Wuchs, der nicht immer das Antheil schwäbischer Nimpfen ist, eine leichte und gefällige Wendung, und eine Zärtlichkeit der Seele unterscheiden die Ulmerinin unter dem schwäbischen Frauenzimmer. Diese Eigenschaften sinds, welche dem Verfasser des Sigwarts, dem Lieblingsmaler des schönen Geschlechts, welcher hier wohnt, die Züge zum Bilde der Marianen, und der Theresen, dargebothen haben.

In den Werken der schönen Künste liefert Ulm nichts. Schwaben überhaupt ist nicht nur an Künstlern, sondern selbst an Sammlungen arm.

Es ist wahr, das kleine Städtchen Geislingen, wo die Flöheketten, die Fliegenneze, die Würfel und andere dergleichen berühmte Seltenheiten fabrizirt werden, gehört zur Herrschaft der Reichsstadt Ulm.

C'est là le grand art d'Horace
— — in parvis difficile,

Ulm.

Was man die schwäbische Tracht nennt, ist eigentlich die Tracht der Ulmerinin und der Augspurgerinin; dann zu Stuttgartt, zu Durchlach, zu Dünkelsbühl, zu Heilbronn trägt man sich menschlich.

So oft man diese berühmte Tracht vertheidigen will: so beruft man sich darauf, daß sie von Kaisern und Päbsten gelobt worden sey. Es ist wol möglich, daß Kaisere eben so gut einen schlechten Geschmack haben können, wie unser einer.

Allein hier ist das Fait. Ein gewisser Kaiser aus dem sechszehnten Jahrhundert, dessen Nahmen sie in den Jahrbüchern von Augspurg finden können, hielt zu Augspurg einen Reichstag, oder so was. Um sich zu Desennuyren beliebte es ihm eines Tags, eine Augspurger Dame zu betrachten, von welcher Kleidertracht ihn die Hofleute unterhalten hatten.

Der Magistrat lies die reizendste auslesen, und man stellte sie Ihro Kaiserl. Majestät, in ihrer vollkommenen Parure, das ist in ihrem ganzen Harnisch, vor.

Seine Majestät hatte mit der Schwachheit der Schwaben ein innerliches Mitleid, und weil er ein

sehr

sehr liebreicher und höflicher Herr war: so geruhete
er, den Magistrat versichern zu lassen, daß ihm die
Tracht nicht mißfiele.

In der That war es ein blosses Compliment,
welches der Kaiser der Dame für ihre Bemühung
schuldig zu seyn glaubte; und sobald der Magistrat
den Saal verlassen hatte, so lachten sich die Hofleute zu todt.

Dieser hingegen ermangelte nicht, die Begebenheit in der Stadtchronik und in Kupferstichen zu
verewigen. Man hat noch einen Kupferstich, auf
einem grossen Folioblatt, wo sie vorgestellt ist.
Der Kaiser sitzt im Reichsornat, mit dem Zepter
Karls des grossen in der einen, und dem Apfel in
der andern Hand, in einer ungeheuren Perucke auf
einem Thron im goldnen Saal auf dem Rathhau-
se zu Augspurg. Zu seinen Füssen knien die Herren
von Augspurg in eben so ungeheuren Perucken.
Im Lichtpunkte sieht man eine Dame, die der
schönen Magellone gleicht. Auf dem Haupte hat
sie ein aus Drap d'or zugeschnittenes Käppgen,
welches dicht anklebt und vorne einen langen dün-
nen Schnabel formirt, der sich bis auf die Nas-
wurzel

wurzel erstreckt und den Kopf in zween Theile theilt.

In diesem Schnabel nun bestehet der Geist der Schönheit, das to kalon der schwäbischen Tracht. Hier ists, wohin die Amors, welche die Stuzer zu Augspurg und Ulm bedienen, wann sie eine Schöne überwinden wollen, ihren Angrif richten.

Der Hals ist von einer unermeßlichen goldenen Kette umgeben, bey deren Anblick selbst ein Galeerensklav zittern würde.

Alles diß hängt mit einem Brustharnisch zusamm, der von der Spize des Kinns bis drey Zoll unter die Hüften reicht, und so fest ist, daß ein Frauenzimmer darinn eben so sicher ist, als eine Schildkröte in ihrer Schaale.

Auch dieser Harnisch hat eine scharfe, aus dreyfachem Fischbein bestehende Spize, die sich vom Ende der Schöße bis über die Mitte der Schenkel hinab erstreckt, und jenen aufrührerischen und reizenden Theil, den man nicht genug hüten kan, beschüzt.

Diese

Diese unerbittliche Spize scheint zu jedem der sich ihr nahen will zu sprechen: drey Meilen von mir! In der That ists nicht möglich, eine Schöne zu überraschen, ohne dieses furchtbare Bollwerk, das die Tugend in Schwaben weit sicherer beschüzt, als die Spize von Europa Gibraltar, zuvor wegzuräumen: und vermuthlich würden die Amors ihren Angrif hieher richten, wann sie nicht aus langer Erfahrung wüßten, daß der Ort unüberwindlich ist.

Nicht genug, daß der untere Theil des Gebiets der Liebe so scharf verrammelt ist. Der obere Theil wird von einer mächtigen silbernen Kette, an der eine Menge Schlösser, Jettons und Pompons hangen, umgeben, die den Busen so eng einkerkern, daß alle Liebesgötter, welche darinn schweben, ersticken müssen.

Diese Kette ist für denjenigen, der sich darauf versteht, ein interessantes Stück der Geheimnisse der Liebe. Eine artige junge Frau, die mir die Ehre erwies, mich ihrer Confidenz zu würdigen, wies mir an ihrer Schnürkette einen Jetton. Es war ein in Gold gefaßtes Emailgemälde, das man aufschrauben konnte. Auf der Oberseite war das Bild

ihres

ihres Schuzheiligen: auf dem Revers das Bild ihres Liebhabers. Ein anderer Jetton, der den Pandant machte, und an der Gegenseite des Busens hieng, war gleichfalls zum Aufschrauben, und enthielt eine artige Liebeserklärung von der Hand ihres Favorit.

Vermauert die Zugänge der Liebe ewig! Erdenket noch so künstliche Schlösser und Harnische! Vermehrt die Erfindungen der Wälschen, der Neze, der Ringe! — Diese verhaßte Erfindungen, die von der Liebe verflucht sind, und worüber die Tugend erröthet! — Ihr werdet den Keim ihrer Reize niemals ausrotten — den heiligen Keim, der mit feurigen Zügen in das Herz der Sterblichen gegraben ist, um sie über ihre Leiden zu trösten.

Die Geheimnisse der Liebe sind noch nicht alle entdeckt. Eben dieselben Liebesgötter, die sich auf dem Gürtel der Venus versammelten, leben noch. Sie wohnen in den Jettons, in den Schnirkeln der Schnürketten des Frauenzimmers in Schwaben.

Dieses siebenfache Bollwerk widersteht nicht stets
der List,
Ob es gleich durch Wallfischrieben und durch
Spizen furchtbar ist.

Pope.

Um

Um ihnen, gnädiger Herr, das Abgeschmackte dieser Tracht ins möglichst deutliche Licht zu sezen: kan ich ihnen nichts bessers rathen, als wenn sie solche gegen das leichte, niedliche und anpassende Gewand eines Wiener- oder Berliner-Mädchens halten.

Der Abstich zwischen beyden ist so weit als von hier an die Küste von Guinea.

Zum Glück wird diese Tracht nach und nach unterdrückt. Sie herrscht nur noch in dem engen Zirkel einer gewissen Spießbürgerschaft, die entweder aus Pedanterey oder aus dem abergläubischen Hang an die verjährten Stadtsitten; eine Schwachheit, die den von Höfen entfernten Städten insgemein eigen ist, sie noch aufrecht erhalten. Der gesündere Theil des Publikums folgt der Mode; dann man fängt an, einzusehen, daß die französische Kleidung dem Körper eben um so viel günstiger ist, als sie wohlfeiler ist.

Ach, gnädiger Herr, welch ein Bild für die Müsse der Einbildungskraft! — Ein Frauenzimmer von Augspurg oder Ulm, wie sie, von allen Reizen der Natur umrungen, mit der Venus aus dem Bad steigt — und eben dasselbe Frauenzimmer in ihre schwäbische Tracht eingepackt! — Sie kennen sie nicht mehr!

*) Anmerkung vom Herausgeber. Die Insel Lesbos hatte unter allen Provinzen Griechenlands, dieser Muttererde der Schönheiten und der Grazien, den Vorzug, daß ihre Einwohnerinin die schönsten unter den Schönen waren. Sie war das Vaterland der Helene und der Sapho, und wie einige Schriftsteller behaupten, sogar der Venus.

Die schwäbischen Briefe werden im sechsten und siebenten Band fortgesezt.

Zu den Denkwürdigkeiten
der Erleuchtung unserer Zeiten
eine Anecdote.

Coelum ipsum petimus stultitia.

Man muß gestehen, wann dieser Gedanke des Horaz auf die heutigen Zeiten noch in vielerley Stücken paßt: so hat er wenigstens in Ansehn unserer Theorie vom Donner seine Kraft verlohren. Wir sind dahin gelangt, zu begreifen, daß der Donner, so wie andere Dinge, eine natürliche Wirkung der Gesetze der Schöpfung ist; und daß die Götter eben so wenig aus Zorn donnern, als sie aus Zorn regnen, schneyen und die Sonne scheinen laßen.

Wann sich vor hundert — was sage ich vor hundert, nur vor dreißig — Jahren ein dergleichen Zufall ereignet hätte, wie wir ist gleich vernehmen werden, was hätte er für Auslegungen erstanden?

Am 24 Jul. dieses Jahrs zog sich unweit Diendorf im Amte Eisenberg (vermuthlich in Ober-Sachsen) ein Ungewitter auf. Barthel Kunad, ein Dienstknecht in der benachbarten Neumühl pflügte auf dem Feld. Der Plazregen nöthigte ihn, seine Pferde auszuspannen, und er ritt im Galopp nach der Mühl.

Bey seiner Ankunft ließ er die Pferde vor der Thür stehen, und rettete sich ins Zimmer. Kaum hatte er sich an Tisch, neben die übrige Gesellschaft gesezt: so schlug der Donner ins Zimmer und tödtete ihn auf der Stelle. Die ganze Gesellschaft fiel über den Schlag in Betäubung. Aber Barthel Kunad allein blieb todt, und zwar auf eine so seltsame Weise, daß man an seinem Körper nicht die mindeste Verlezung oder Merkmal wahr nahm.

Derjenige hingegen, welcher zunächst an ihm gesessen hatte: hatte einen grossen rothen Fleck am Arm bekommen, der ihm eine brennende Empfindung verursachte, und die Haut zusammschrumpfte.

Noch mehr am ganzen Haus war nicht die geringste Spuhr von der Wirkung des Wetterstrahls

zu

zu finden, auſſer daß zween Dachziegel entzwey geſprungen waren.

Vor dreiſſig Jahren wie hätten nun die Strafprediger, die Juriſten, die Ortodoxen und Philoſophen dieſen Zufall ausgelegt? Offenbar hatte der göttliche Zorn ſich dieſen Menſchen zum Opfer auserſehen. Vergebens ſucht man der Rache Gottes zu entfliehen: der Allmächtige zeigt, daß er die Sünder im innerſten Winkel heimzuſuchen wiſſe. Er ſtatuirte ein ſichtbares Beyſpiel ſeiner Gerechtigkeit, indem er zulies, daß Barthel noch die Mühl erreichen konnte, um ihn in Beyſeyn der Anweſenden zu beſtrafen. Diendorf mag zittern. Es iſt ein Wink des göttlichen Zorns, daß ſie ſich ſo verſündiget haben, wie einſt die zu Sodoma.

So hätte man geſprochen: ſo hätte man geprediget: ſo hätte man vor dreiſſig Jahren von der Sache geſchrieben.

In unſern Tagen legt man dieſen Zufall für eine Thatſache zu den übrigen Beweiſen, daß eine bis auf einen gewiſſen Grad getriebene Erhizung und Ausbünſtung in der thieriſchen Complexion die Wirkungen des Donners an ſich zu ziehen fähig ſey,

aus: und alle Moral die man darüber predigt ist die, daß es schädlich sey, bey vorhandenen Ungewittern stark zu reuten oder zu laufen.

Acht Tage später zerschmetterte der Bliz zu Paris ein Crucifix und eine davor kniende alte Frau. Gewis Ajax Oileos, wann es wahr ist, daß dich der Donner erschlug: so denk nicht, daß es geschah, weil Minerva auf dich zürnte.

Geschichte des schönen Geschlechts.

(History of the Woman's. By William Alexander.
Lond. 1780.)

Eine Geschichte der schönern Helfte des menschlichen Geschlechts — welch anziehender Stof!

Die Falten des weiblichen Herzens entwickeln; die Ruckwirkung der Ausbildung, die dieser reizende Theil der Schöpfung auf Geschichte, auf Sitten, auf Denkart und Verfassung ganzer Völker nahm, bestimmen; alles diß mit unsäglicher Mühe aus den Jahrbüchern des menschlichen Geschlechts aufsuchen — und es mit historischen, kritischen und philosophischen Betrachtungen beleuchten: sollte ein solches Werk nicht die tiefsinnigste und zugleich die rühmlichste Bemühung eines Gelehrten erfodern?

Ach, Sir William, wie sehr irren sie sich! Die Geschichte des schönen Geschlechts liegt im Grunde der Geschichte der Liebe — oder vielmehr die Geschichte

schichte der Liebe selbst ist die Geschichte des Frauenzimmers.

Wie? Sie suchen mit grosser Ernsthaftigkeit den Ursprung des weiblichen Geschlechts? Ohne Zweifel entsprang das erste Mädchen aus einem Ey, das ein Sylfe im Paradiß verlohr. Sie spühren nach, wie die ersten Bewegungen unserer Stammeltern beschaffen gewesen seyen? Sobald das Mädchen aus dem Ey aufgesprungen war: so lief sie einen Mann aufzusuchen. Wie sie Adam zuerst erblickte: so stund er angeheftet. Er betrachtete sie mit einer Entzückung, die wie ein electrisches Feur vom Scheitel bis zur Zehe über ihn weg lief. Eine Stimme aus den Wolken rief: Sie ists, die ich angebethet haben will! In diesem Augenblick lag Adam zu ihren Füssen. Er umfieng sie: er küßte ihre Knie, ihre Hände, ihren Busen —— —— Sey glücklich! sprach sie —— hier war die Geschichte geendigt.

Diß ist der kurze Umriß der Geschichte der Liebe, oder —— wenn sie wollen —— des menschlichen Geschlechts. Alles in der Geschichte des Frauenzimmers lauft darauf aus, daß sie zur Liebe, zum Vergnügen, zum Anbethen geschaffen sind; daß sie der

reizendste

reizendste Theil der Schöpfung sind; daß sie ein Geschenk des Himmels, ein Unterpfand seiner Güte sind, um uns über unsere Leiden zu trösten; daß ihnen der Himmel alle Eigenschaften verliehen hat, um liebenswürdig zu seyn, um an sich zu ziehen, um uns das Leben zu versüßen.

Ja, Sir William, in einem Lande von Atheisten müßte die Liebe die Stelle der Gottheit vertretten.

In ihrem dritten Hauptstück untersuchen sie, ob das Frauenzimmer eben derselben hohen Eindrücke des Heldenmuths, der Tapferkeit ꝛc. fähig sey, wie das männliche Geschlecht. Zweifeln sie daran? Sehen sie am Beyspiel der Semiramiden, der Penthasileen, der Margarethen von Anjou — und dießseits am Beyspiel Cäsars, Marc-Antons, Henrichs IV. daß die Liebe immer dem Heldenmuth zur Seite gieng.

Sagen sie uns nichts von der Schwachheit des weiblichen Gemüths. Wann die Geschichte des Frauenzimmers bey den Floren, den Phrynen, den Helenen und Eloisen anfängt: so bedenken sie, daß sie bey den Catharinen und Marien-Theresen stehet — bey jenem groſſen Meiſterſtück der weiblichen Natur, von welchem man ſpricht.

Foemina fronte patet, vir pectore diva decore. *)

Sie ſind zuweilen ſchöner, ſagen ſie, als unſer Geſchlecht; aber ſollten ſie auch fähiger ſeyn. In allewege, Sir William, erinnern ſie ſich nicht des Grundſatzes der Naturlehre?

Le

---

*) Man weiß, daß dieſer berühmte Vers, wodurch ein ſchöner Geiſt das Portrait und den Karakter Marie-Thereſiens, unnachahmlich treffend ausgedrückt hat, aller daran gemachten Verſuche ungeachtet bis dato unüberſetzbar geblieben iſt. Die neueſte Ueberſetzungen von den Herren Deſtouniac und von Sancy, welche der Mercure de france liefert, ſind folgende.

De ſon ſexe elle a la beauté,
Du notre la valeur, des Dieux la majeſté.
Deſtouniac.
Traits de femme, cœur de hommes,
Air de Divinité.
de Sancy.

Im Deutſchen iſt mir noch keine Ueberſetzung bekannt.

Le physique gouverne partout le moral.

Zufolg dessen muß das Frauenzimmer nothwendigerweis geselliger, gelehriger, tapferer und fleißiger seyn wie die Männer.

In der That, es ist keine Bahne des Genie, die man nicht vom weiblichen Geschlecht mit Glück betretten sahe: und ich überlasse ihrer Nachforschung, ob es wahr ist, daß der einige Vorwurf, auf den sich die neuern Philosophen noch stüzen, entweder ein Vorurtheil, oder wirklich gegründet sey: daß niemals eine Frau eine Erfindung gemacht habe.

Sie werden mich lächerlich finden, daß ich an der Erfindungskraft der Schönen zweifle. Ich fühle meinen Irrthum. Die Künste der Liebe und der Reize, jene Sentiments, jene Confidenzen, jene Kaprizen, jene Gouts, jene Puffen, jene Fichus, jene Hüte — kurz die ganze Haushaltung der Liebe und des Umgangs, gehört ihre Erfindung jemand anders zu, als ihrem Geschlecht?

Aber

Aber nicht so, Sir William, sie und die Philosophen ihre Kollegen wollten nur von den höhern Gegenständen der Erfindungskunst reden?,

Gewis nichts ist müssiger, als die Untersuchung, worauf sie uns im eilften Hauptstück über den Unterschied leiten, den die Lage und das Clima im sittlichen Karakter des Frauenzimmers machen sollen. Ich schwöhre ihnen, mein Herr, daß ich überzeugt bin, das gütige Schicksal habe das menschliche Geschlecht aus einerley Model gegossen. Von den Lacedämonierinin, den Araberinin, den Indierinin an bis auf die Dames, welche ihre Herren auf die Kreuzzüge in den Orient begleiteten, und bis auf uns — mit Einem Wort von einer Tomiris, einer Coulah bis auf die Ritterin d'Eon, sehe ich bey allen Nationen der Erde gleiche Proben des Muths, der Tapferkeit, der Zärtlichkeit, beym schönen Geschlecht. Zu Anecdoten, um sie an den Faden ihrer Materie zu knüpfen, mußte ihnen allerdings die allgemeine Geschichte eine reiche und freigebige Quelle eröf-

eröfnen. Sie ist voll schöner Züge von den Verdiensten der feinern Helfte des menschlichen Geschlechts.

Auch konnte es ihnen nicht an interessanten Reflexionen über die Materie, die sie abhandelten, mangeln. Ich theile ihnen noch eine besondere mit, die ich bey verschiedenen Anläßen gemacht habe. Es ist diese: wann wir keinen Beweis von dem Vorzuge der Erbfolge in der Monarchie vor dem Wahlsystem hätten; so müste es der seyn, daß bey jener das weibliche Geschlecht zum Thron gelangen kan.

Ach, Sir William, ich beneide sie. Sie sind auf einer edlen Laufbahn. Seine Dienste den Grazien aufopfern; der Geschichtschreiber des schönen Geschlechts werden; sich ein Recht auf ihre Dankbarkeit erwerben; kein günstigeres Looß kan sich kein Sterblicher wünschen.

Ich

Ich verehre ihre Muse. Sie sind mir der hochachtungswürdigste Autor, weil sie dem Geschlecht huldigen, welches ich anbethe. Fahren sie fort, dem Blute der Venus Gerechtigkeit zu leisten.

On ne peut trop louer trois choses,
Les Dieux, sa maitresse et son roi.

Wird man dem schönen Geschlecht noch den Erfindungsgeist absprechen?

Eine Anecdote.

Zur Beylage des vorigen Stücks (Geschichte des schönen Geschlechts.)

Dem Verfasser der Geschichte des Frauenzimmers haben wir den Zweifel zur Untersuchung vorgelegt: ob es wahr seye, wie man behaupten will, daß niemals ein Frauenzimmer zu einer ernsthaften Erfindung fähig gewesen sey?

Nichts ist zureichender unsere Befugniß zu dieser Frage zu rechtfertigen, als folgende Thatsache, welche eine der neuesten unseres Tags ist.

Es ist publik, daß sich eine Gesellschaft zu Paris vereinigt, welche sich anerboten hat, zum Besten einer aufzurichtenden Stiftung für unglückliche Offizirsfrauen und Offizirstöchtern einen jährlichen Fonds

Fonds von Acht Millionen zu schießen, gegen die Erlaubniß den ausschliessenden Handel mit dem Roth in Frankreich treiben zu dörfen.

Dieses Projekt eignete man bisher einigen berühmten Negotianten in Paris zu. Allein ich bin durch zuverläßige und ganz neue Privatbriefe überzeugt, daß der Ursprung und der erste Entwurf des Gedanken einer Dame, und zwar der Marquise von Girardin zugehört: die Unternehmung selbst aber von ihrem Gemal, dem Marquis Girardin, der Frau von Tellüson, dem Herrn von Beaumarchis ec. ec. zusammengesetzt ist.

So ists also gewis, daß man vom weiblichen Geschlecht eine Erfindung — und zwar eine der denkwürdigsten, orginellesten und wichtigsten hat.

Zum Anlaß und der Beschaffenheit dieser Erfindung gehören beiläufig folgende Umstände.

Daß das weibliche Geschlecht durchgängig in Vergleichung des männlichen sein Brod mühsamer gewinne und für seine Arbeit geringer bezahlt werde, ist eine von denjenigen Reflexionen, welche die neuern Staatskünstler, die Encyclopädisten, die Ökonomisten,

sten, vornehmlich aufgestellt und zur Beherzigung empfohlen haben.

Man hat angeführt, daß der geringste Handwerkspursch zum mindesten täglich seine acht bis zehen Groschen erwerbe; wo hingegen die fleissigste und geschickteste Spizklöpperin, Schönwäscherin, Goldstickerin sich mit der gröſten Mühe täglich auf vier, höchstens sechs Groschen arbeite. *)

Noch mehr, man hat bewiesen, daß die Kanäle des Gewerbs und der Handthierung fürs weibliche Geschlecht überdiß vom männlichen auf allen Seiten abgegraben würden: zum Beyspiel bey der Schneiderey, der Schusterey, der Stikerey, der

---

*) In diesem Fall mus man, wie mich dünkt, doch England vom allgemeinen Calcul ausnehmen. Eine Nähterin zu London verdient sich des Tags gemeiniglich ihren Thaler. Und hiebey giebt sie sich bey weitem nicht die Mühe, wie sich Ihres gleichen zu Paris oder in Deutschland geben, vom Anbruche des Tags an bis um Mitternacht, bei einer armseligen Lampe, unbeweglich über der Arbeit zu sizen. Die Nähterin zu London stehet ungefähr drey Stunden nach der Sonne auf, puzt sich, trinkt ihren Thee, verplaudert mit ihrer Mitarbeiterin eine halbe Stunde ehe sie sich zur Arbeit sezt, hört um die Komödienstunde auf, und bringt den Abend mit ihrem Liebhaber zu.

Kocherey; daß alle jene Beschäftigungen, welche ein natürlicher Beruf des Frauenzimmers zu seyn scheinen, heut zu Tag beynahe sämmtlich vom Mannsvolk versehen würden. *)

„Stellen wir zum Beyspiel — so spricht einer der Professoren, die diesen Gegenstand behandelt haben — einen Bedienten und ein Dienstmädchen gegeneinander: nicht in jenen schwelgerischen Häusern, wo, zufolge einer immer verkehrt angewendeten Grundsazes des Prachts, ein Mädchen zum öftern höher angesehen ist, als sie verdient: wo das Laster verschwenderisch, ohne daß die Tugend großmüthig ist: wo die Schönheit kein Verdienst ist; als wofern sie sich erniedrigt; sondern aus einem bürgerlichen Hause, wo sich die Ueppigkeit nach der Einschränkung der Oekonomie richtet."

„Der Bediente ist sicherlich besser bezahlt. Sein Geschäft ist gröstentheils nicht wichtig, noch beschwehrlich. Er bringt einen Theil der Zeit mit Spa-

---

*) Wir haben nicht nur die Pastetenbeckerey und das Spizwaschen zu männlichen Professionen werden sehen; sondern wir sehen männliche Haubenhafter; unsere Stuzer stricken Filet, und unsere Dragoners und Grenadiers fertigen genähte Manschetten auf ihren Wachen.

Spazirengehen, mit Bedienung der Eitelkeit seines Herrn, den übrigen mit dem Spiel, mit seinen Ergözzlichkeiten und kleinen Verschwendungen hin."

„Das Dienstmädchen hingegen, die öfters die Arbeit der Köchin, Kinderwärterin, des Kammermädchens zusamm versiehet, hat einen unbeträchtlichen Lohn. Der Bediente wird noch gekleidet: sie aber mus sich all ihr Gewand aus eignem Beutel anschaffen. Der Bediente kan sich, wann er die leeren Stunden die ihm von seinem Dienst übrig bleiben, dem Müssiggang abbricht, noch etwas extra erwerben: das Dienstmädchen ist vom Morgen bis in Abend beschäftigt, und hat nicht einmal Zeit, für sich selbst zu nähen, auszubessern, zu waschen. Sie muß solches öfters ausser dem Haus ums Geld verlohnen."

In der That diß Gemälde ist so wahr als rührend. Unterdessen ists eben nicht diese Klasse des weiblichen Geschlechts, auf welche sich die Reflexionen der Marquise von Girardin und ihrer Gesellschaft gelenkt haben.

Ihr Vorschlag zielt eigentlich auf eine Versorgungsanstalt für Offizirsfrauen und Offizirstöchtern;

und hiezu hat der Verfasserin der gegenwärtige Krieg einen einleuchtenden Grund an die Hand gegeben.

Man muß die Hofluft kennen; man muß in den Antichambern zu Paris, zu Madrid, zu London ꝛc. ꝛc. gewesen seyn; man muß Offizire bey der Armee gesprochen haben, um zu empfinden, was es einer bedrängten Offizirsfamilie, deren Vater zum öftern sein Erbtheil im Dienst — es sey nun für den Pracht oder für den Nuzen — aufgeopfert hat; für Mühe, für Gänge, für Aufopferungen kostet, um zu einem Gnadengehalt zu gelangen.

Man muß in die entfernten und dunkeln Winkel der grossen Städte, in die Zimmer auf dem Dach oder unter der Erde gehen, um zu erfahren, wer jene unglücklichen Frauenzimmer, welche bey einer unermüdeten und undankbaren Arbeit, bey einer elenden Garderobbe, ihr Leben verschmachten, anders sind, als Offizirstöchtern.

Den Pracht und die Schönheit der Armuth zöllig machen; die Wollust selbst dem Profit des Elends unterwerfen; mit einem Wort, die Stiftung einer mildreichen und ruhmvollen Anstalt in der Quelle des

des Vergnügens auffinden; das ist, wie mich dünkt, wo nicht einer der erhabensten, doch der sinnreichsten Geniezüge.

Für das Monopol mit der Schminke offerirt die Unternehmung jährlich eine sichere Abgabe von acht Millionen, wovon, zufolge des dem Projekt eingerückten Calculs künftig 23,000 Offizirsfamilien, ihrem Stande gemäs, erhalten werden sollen.

Den Staat kostet diese Anstalt keinen Heller. Wann auch das Roth künftig etwas theurer werden sollte: so würde dem Publikum die Last dardurch wieder ersezt, daß man solche von nun an desto ungescheuter auflegen kan. Wer wird künftig ein Frauenzimmer mehr darüber ansehen, weil sie sich schminkt, indem sie dadurch zu einem der wohlthätigsten und rühmlichsten Zwecke beiträgt?

Inzwischen macht sich die Unternehmung sogar anheischig, das Roth in beträchtlich minderm Preiß zu liefern, wie bisher; und da hiebey noch die besondere Anstalt eintretten solle, daß die Fabrik der Einsicht der medicinischen Fakultät unterworfen bleibt: so gewinnt das Publikum noch einen andern

Vortheil, den für seine Gesundheit. Das Rezept zum Roth der Marquise Girardin und ihrer Gesellschaft wird von einem einfachen und natürlichen Zusammensaz seyn; und hierdurch werden die vielerley nachgemachten, schädlichen und giftigen Schminken unterdrückt werden. Und

> wird man noch dem schönen Geschlecht den Erfindungsgeist absprechen?

Schwäbische Briefe.
Fortgesezt.

Augspurg.

Auſſer dem unvergeßlichen Abbt, der unter den deutſchen Köpfen immer herfürragen wird, und Herrn Müller, den alle Welt in ſeinem Sigwarts liebt, wüſte ich ihnen keinen Originalgeiſt in Schwaben zu nennen. Beide ſind National-Schwaben: beyde von Ulm.

Die übrigen Litteraturmänner, die im ſchwäbiſchen Gelehrten-Lexicon ſtehen, haben ihren Nahmen niemals über die Gränzen ihres Vaterlands hinaus verbreitet. Sie ſind Provinzialgelehrten geblieben. Es wäre dann, daß Herr Schlettwein und Herr Schloſſer, die beyde in Baden-Durlachiſchen Dienſten waren, gebohrne Schwaben ſind.

Was Abbt betrift: ſo wird er ſeinem Vaterland ewig Ehre machen. Er war einer von den Stiftern einer gewiſſen Epoche in der deutſchen Litteratur

tur — jenes merkwürdigen Zeitpunkts, der nach dem Urtheil der Ausländer immer der berühmteste in der deutschen Litteratur bleiben wird: des Zeitpunkts des Hagedorn, des Gellert, des Weiße, des Kleist, des Leßing, des Wieland, des Mendelson und des Abbt.

Dieser Zeitpunkt ist das goldene Alter der deutschen Musen: das Jahrhundert der Mediceer in Deutschland. Er ists, der den Wärmpunkt, bis wohin das deutsche Genie steigen soll, bestimmt hat. Vor ihm waren die Musen im Steigen, und gleich nach ihm hebt sich ihr Fall wieder an.

In Ansehn Herrn Müllers. Dieser ist, als Stifter von einer andern Seite berühmt. Man weis, daß er der Wiederhersteller — wo nicht der Erfinder — der empfindsamen Laune ist. Sein System hat eine Bewegung unter den deutschen Musen verursacht.

Ich kan in diesem Streit nicht urtheilen, weil man in der deutschen Litteratur bekannt seyn muß, welches mein Fall nicht ist; und weil man die Schriften des Herrn Müllers gelesen haben muß, welches wiederum mein Fall nicht ist.

Ich

Ich bin erstaunt, daß man diesen Mann schulmeistern will. Seine These liegt, wo ich mich nicht irre, schon im System des Plato. Ich getraue mir eine Anmerkung zu machen, die vielleicht in diesem Streit nicht vorgekommen ist: wäre der Lehrsaz Herrn Müllers nicht in der Natur des menschlichen Herzens gegründet; so müste er nicht so allgemeinen Beifall finden.

Das universelle Plaudit, welches sich die Sigwarts in der Welt erworben haben, ist ein Zeuge für die Gründlichkeit ihres Systems. Es ist eine Stimme, die gleichsam in das Innerste eines jeden Lesers ruft: er hat Recht: er hat's getroffen!

Wann auch der Verfasser des Sigwarts mehr nicht gethan hat, als daß er dem Laster eine weniger häßliche Larve angelegt, daß er es gezwungen hat, wohlanständiger zu handlen: so verdient er noch immer eine Ehrensäule unter seinen Mitmenschen.

Eine zwote Reflexion, die man in diesem Streit übergangen hat, ist die ruhmvolle Toleranz des Ulmischen Minister's. Die ganze Welt bemerkt, daß Herr Müller, ein Theolog, einen anziehenden

Liebes-

Liebesroman geschrieben hat: aber niemand bemerkt, daß dieser kühne Zug keine Folgen auf sein politisches Schicksal gehabt hat: daß er bey Brod und Ehren, bey dem ruhigen Besitz seines geistlichen Amts geblieben ist.

Gewis diese Toleranz verdient dem Minister zu Ulm öffentliche Verehrung. Wie lang werden wir bey unsern Kritiken nach Nebenumständen haschen, und an der Hauptsache vorbeygehen?

Es müste Undank seyn, wann man diesen Zug vergessen sollte. Er ist mir unter allen Denkwürdigkeiten, die mich zu Ulm gerührt haben, die wichtigste und unauslöschbarste.

Augspurg.

Mir, der ich an mir selbst nicht mehr als ein blosser Galopin in der Haushaltung der Schriftgelehrsamkeit bin, mir stehet es sehr schlecht an, von dem Zustand der Gelehrsamkeit und der Wissenschaften zu urtheilen. Erlauben sie, gnädiger Herr, daß ich mich zu den Künstlern wende. Hier ists einem Unzünftigen eher erlaubt, zu reden, als im Gebiete der Gelehrten.

Warum

Warum reißt man nach Griechenland, um den verlassenen Siz der Künste zu betrachten: warum reist man nicht, in eben dieser Absicht, nach Augspurg? Vergebens berufen sich die hiesigen Historiographen auf den Ruhm der Augspurgischen Musen —

Troja fuit.

Die Zeiten Athen's sind nicht mehr unsere Zeiten. Für die Ridingers und die Holzers haben wir Herdels . . . . und Ihresgleichen.

Augspurg ist's vermuthlich, wie andern Orten, gegangen. Die Broccantieri, die von den Engländern, den Russen, den Franzosen, in Bestallung genommen sind, um alle möglichen Werke der Kunst und des Alterthums, alle möglichen Originalien, in Europa aufzukaufen, haben auch Augspurg ausgeleert.

Kaum ist der Stadt noch etwas mehr übrig geblieben, als die Meisterstücke in Fresko ausserhalb und innerhalb den Häusern, weil sie nicht transportabel sind.

Ach! möchten sie es seyn! Vielleicht würde man mehr Hofnung zu ihrer Erhaltung haben; vielleicht würde

würde ihnen ein nahe drohender Untergang weniger nachtheilig seyn.

Ein ewiger Stolz der Stadt Augspurg — wäre es möglich, daß man eine ewige Dauer davon hoffen könnte — wenigstens ein unvergeßliches Monument der Meisterstücke der Musen werden ihr die Bildereyen Holzer's seyn. Diese Monumente sind ihr vielleicht ausschliessend eigen. Der Pinsel Holzer's wird immer ein Reiz bleiben, die Reisenden an sie zu ziehen — eines Mahlers, der in seiner Art einzig, original und unnachahmlich war; der weniger bekannt war, als er zu seyn verdiente; und der noch allzufrüh starb.

— — Apoll berief ihn zu sich, um das Heiligthum der Musen auszuschmücken.

Temple's Grabschrift auf Kneller.

Zwey Altarblätter bey den Dominikanern; das berühmte Fresko auf dem Weinmarkt von Ihm berühre ich nicht, weil sie durch die Kopien, die man im Kupferstiche davon hat, bekannt sind.

Aber der sogenannte Baurentanz, das ist, ein Fresko in Teniers Geschmack, an einem Wirthshause am Lech, welches den Schild zum Baurentanz

tanz führt, welches, soviel ich weiß, niemals abgedruckt wurde, und welches, wann ich mich nicht irre, das Fresko auf dem Weinmarkt an Zeichnung, Kraft und Geist noch übertrift, möchte ich ihnen beschreiben, wann meine Einsicht nicht zu schwach dazu wäre.

Es ist möglich, daß es von diesem vortreflichen Mahler noch andere Denkmäler zu Augspurg giebt, die mir nicht bekannt wurden. Allein um von einem Manne, dessen Ruhm bereits festgesetzt ist, zu reden, ists genug, wann man eines oder zwey seiner Meisterstücke nennt.

Wann einst jemand die Lebensgeschichte dieses Mannes auffindet — wofern es nicht schon von Herrn Meusel geschehen ist — so theilen sie ihm folgende Anecdote mit. Ich habe sie von einer mündlichen Tradition.

Zur Zeit als Holzer sein berühmtes Fresko auf dem Weinmarkt machte: so mahlte ein anderer Mahler, der von sich selbst sehr eingenommen war, und beynahe alle andern Mahler gegen sich verachtete, eine halbe Meile unfern Augspurg eine Kapelle. Er konnte gleichwol dem Vorwiz nicht widerstehen,
Hol=

Holzers Arbeit zu sehen. Mehr aus Verachtung, und mit dem völligen Vorsaz etwas Elendes zu finden, machte er einen Spaziergang nach der Stadt.

Er lies sich durch seinen Bedienten bey Holzer'n befragen, ob er ihm auf seinem Gerüste einen Besuch machen dörfe. Der freundliche und bescheidene Künstler bewilligte es mit der grösten Gefälligkeit.

Nun erschien der vornehme Mahler — betrachtete — staunte an — verstummte — und fiel in eine solche Emphase, die, wie die Chronik sagt, ihm eine Apoplexie zuzog, von welcher er auf die übrige Zeit seines Lebens melancholisch blieb.

Wann diese Anecdote schon anderwärts erzählt ist: so streichen sie solche hier aus.

Augspurg.

Nach den Gemählden des Holzer's ——

—— magno sed intervallo ——

seze ich die Ueberbleibsel eines gewissen Zick. Nur ein einziges Stück habe ich von ihm gesehen. Ein Altarblatt in der Domkirche Joseph mit dem Jesuskind.

Dieser

Dieser Meister ist ebenfalls original, einzig und sonderbar. Um ihnen seine Manier sagen zu können, müste ich in der Kunstsprache besser erfahren seyn, als ich nicht bin. Ich glaube, man nennt es Nässe, Verflößung, Nüanzirung, was das unterscheidende Gepräge seines Pinsels ist. Das Bild scheint nur aus einer einigen Farbe entstanden zu seyn: so sinnreich sind die Farben verflößt, so sanft ziehen sie sich ins Tiefe, daß die Figur gleichwol äusserst lebhaft, rund und fest herfürspringt.

An verschiedenen Häusern — dann die Schönheit der Gebäude ist einer von den vornehmsten äusserlichen Hauptvorzügen der Stadt — finden sie Fresko's von Berghäuser,*) dessen Nahme zu Augspurg noch lang blühen wird; und von andern Künstlern. Z. B. an der Kaufmannsstube (oder Börse); auf dem Weinmarkt — insbesondere eine Krönung Mariä — und an einem gewissen Privathauß hinter den Jesuiten.

Unter

---

*) Wann er nicht Bergmayer oder Bergmüller heißt. Die lezte Sylbe ist in meiner Schreibtafel unglücklicherweis verlöscht.

Unter den übrigen Freskogemälden merke ich mir die Kuppel in der Todtenkapelle vor dem Göckinger Thor an, von Huber: sie stellt die Auferstehung der Todten, nach Michel Angelo, vor, und ist mit ungemeinem Fleiß und Wahrheit ausgeführt —— deßgleichen eine Gruppe Kinder an einem ganz neu=erbauten Hause bey der Mauer, von einem heutigen Künstler.

Sie sehen, gnädiger Herr, daß ich ihnen nur sehr unvollkommene und sehr mangelhafte Nachrichten in diesem Punkt geben kan. So gehts allemal, wann man sich, nur ohne einen Cicerone, in einem Orte umschauet. Aber diese Mangelhaftigkeit erwirbt mir das Vergnügen, sie auf das Werk des Herrn von Stetten zu weisen, eines vornehmen Patriziers zu Augspurg, eines liebenswürdigen, gelehrten und estimablen Herrn, der die Musen zu Augspurg, zum Troze des Horizonts, kultivirt, und seiner Vaterstadt durch eine sehr vollständige und geistvolle Geschichte ein Denkmal errichtet hat.

Augspurg.

Ich würde die Skizze die ich ihnen von dem Zustand der Mahlerey zu Augspurg gemacht, unergänzt lassen,

laſſen, wann ich ihnen folgende Anecdote vorenthielte. Sie giebt das beſte Zeugniß, wie tief die Künſte allhier von ihrer ehemaligen glänzendſten Stufe gefallen ſind.

Ein Mahler — deſſen Nahme zu unwürdig iſt, um ihn zu nennen — ein Zunftgenoſſe, der mitten in einem gewiſſen Zeitpunkt lebte, wo die Jeſus am Kreuze eine allgemeine Mahleridee zu Augſpurg waren. — Dieſes Bild war eine Seuche unter der Mahlerzunft. Alles übte ſich daran. Unzählige Kreuzigungen überſchwemmten damahls das Reich der Mahlerkunſt und des Publikums zu Augſpurg. Man glaubte, daß ein Jeſus am Kreuze das Non Plus Ultra, das höchſte Meiſterſtück der bildenden Kunſt wäre.

Dieſer Mahler, der eine unüberſehbare Menge gekreuzigte Jeſus vor ſich ſah, beſchloß einen zu mahlen, der alle andere überreichen ſollte. Er thats wirklich. Er kaufte einen Ballen Leinwand von 100 Ellen. Solchen ſezte er ohne Gnad zuſamm, und kreuzigte den Heiland darauf hin. Hieraus entſtund ein Herkules von einem Jeſus, der ſo groß als das Tuch, das iſt genau 25 Fuß hoch war.

J 2   Die

Diß trug sich im Jahr 1758. zu.

Wie er zu Werk gieng, auf welcher Stafeley, in welchem Zimmer oder Thenne er dieses Ungeheur mahlte, das weiß ich nicht. Aber so viel weiß ich, daß, weil es für jedes Appartement, um es aufzustellen, zu groß war: so errichtete der Meister, vermög eines Gerüsts, sein Stück in freyer Luft auf einem verschlossenen Gottesacker.

Von jeder Person die hineingieng, ließ er sich unter der Thür einen Kreuzer bezahlen. Standspersonen nach Belieben. Vermittelst dieses honetten Negoz trug ihm die Kreuzigung Jesus einige baare hundert Gulden ein.

Wie die Scena vorbey war: so war er in Verzweiflung, was er mit seinem Heiland machen soll, ꝛc. —— Hätte er ihn begraben, wie es Jesus von Arimatia machte! — Nein, diß that er nicht. Der gekreuzigte Gott lag einige Jahre in der Vergessenheit und Finsterniß auf dem Dachboden eines Gasthauses. Immittelst machte ihn sein Meister in der Welt bekannt: und er fand wirklich einen Narren, in der Schweiz, der ihn für einen raisonablen Preiß an sich kaufte.

Welt

Augspurg.

Weit weniger als man von dem Tempel Apoll's zu Augspurg sagen kan, kan man von dem Hayn Minervens und Eskulaps — das ist von Naturalien-Kunst-Büchersammlungen ꝛc. ꝛc. sprechen.

Vielleicht giebts im Innersten der Wohnungen einige. Zuverläßig aber sind sie unbeträchtlich, unvollständig, ungeschäzt.

Zum Beweis, wie sehr man sich irrt, wann man in den Nachrichten einheimischer Schriftsteller von Augspurg, die dortigen Kabinete anpreisen siehet, geruhen sie, gnädiger Herr, folgende Thatsache zu beherzigen.

Bey einem Trödler fand ich eine Sammlung von Naturalien und Alterthümnern, die ziemlich rar ist. Sie rührt vom Verlaßthum eines holländischen Gelehrten her, der ohne Zweifel ein Sachekenner war. Aus den Etiquetten verschiedener Stücke zeigt sich, daß der Sammler sie an Ort und Stelle auf fremden Reisen selbst zusammgebracht, und mit viel Einsicht assortirt hat.

Der Trödler versicherte mich, daß er diese Waare schon über acht Jahre in seinem Magazin da stehen,

und

und sie unendlichemal vergeblich in der öfentlichen Zeitung feil gebothen habe. Sogar nicht eine Anfrage geschahe zu Augspurg darum.

Hieraus könnte man schliessen, daß Augspurg schon zum Ueberfluß mit diesem Artikel versehen sey. Aber lassen sie uns lieber schliessen, daß, wo keine Neugierd ist, auch keine Anlage seyn könne.

Die Kupfer, welche den Nahmen Riedinger's unsterblich gemacht hat, kan man noch bey seinen Erben sehen.

Was die Musen der Stadt Augspurg auf der Seite der schönen Künste entzogen haben, das haben sie ihr, mit wohlthätiger Hand auf der Seite der mechanischen ersezt. Man mus gestehen, daß die Desseins in der Schülin'schen Indiennefabrik in ihrer Art Wunderwerke sind.

Die Arbeiten eines Rosa in Stahl würden selbst den Beifall der Griechen erhalten. Rosa und Bückel, ein Zwillingspaar Künstlere in der Grabstichelkunst zu Augspurg, gehören unter die vornehmsten Meistere in Deutschland.

Ueber

Ueber alle aber
— so wie Agamemnon im Heere der Atriden
erhebt sich Brander, der Meister in mathematischen
Werkzeugen. Es würde Beleidigung an der Ehrfurcht, die man ihm schuldig ist, seyn, mehr von ihm
anzuführen. Sein Nahme, so wie seine Werke,
müssen in ganz Europa bekannt seyn.

Kurz, gnädiger Herr, um sich von Augspurg zu
belehren, muß man nicht den famosen Anselmus Rabiosus nehmen. Sondern man muß die Widerlegungen gegen ihn, die allhier unter dem Titel: zweiter
Theil zu Anselmus Robiosus Reisen und Briefe vom
Herrn Hofrath Stax an Herrn Hofrath Philax —
gedruckt wurden, lesen Jener ist mit allzu kaltem
Blut, mit allzuwenig Leidenschaft geschrieben: diese
aber sind mit jener Wärme, mit jenem bittern Nachdruck verfaßt, die, wie man weiß, der eigentliche
Kennzug der Wahrheit sind.

Augspurg.

In den mittlern Zeiten der Kultur und der Lebensart Deutschlands mag Augspurg eine vornehme
Stadt gewesen seyn. Heut zu Tag zählt man sie
unter die erträglichen.

Gewis ist, daß sie die Schönheit ihrer Lage, die Mannigfaltigkeit ihrer Fabriken, und der Vorzug ihrer Häuser sehenswerth erhält.

Die Staatsverfassung der Republik ist aristokratisch. Dieser Vorzug — zum mindesten ists im Verhältnisse der Republiken einer — wird durch die Talente ihrer Magistratsglieder, folglich durch die Vollkommenheit der Regierung, noch mehr erhoben.

Einer der stärksten Beweise von der Erleuchtung der Magistratur zu Augspurg ist das vollkommene Gleichgewicht, welches sie im Paritätssystem aufrecht zu erhalten weiß. Dann Augspurg ist, wie bekannt, in die zwo Religionen, die katholische und die evangelische eingetheilt: und hier ists, wo die Parität, dieses ehemalige Idol des Publikums, seine Residenz hält.

Heut zu Tag, seitdem die Duldung zum Kanon im Kodex der Nationen worden ist, eignet man eben der Parität kein besonderes Verdienst mehr zu. Aber es gereichet immer einer Obrigkeit zum Ruhm, welche die innerliche Sicherheit bey einem so sittenlosen Pöbel, wie der zu Augspurg ist, mit soviel Glück zu erhalten weiß.

In

In der That sind die Sitten des Publikums zu Augspurg höchst roh, und dieses Gebrechen wird noch durch den schwäbischen Dialekt, der hier in seiner ganzen Barbarey herrscht, vermehrt.

Die Gesellschaften des feinern Theils sind äusserst gezwungen, schief und affektirt: eine gewöhnliche Folge, wann die Nachahmungssucht in die Spießbürgerey fährt. Weit mehr als in Städten, wo wahrer Adel ist, sind hier die Zirkel für Profane verschlossen. Was in diesen verschlossenen Zirkeln vorgehet, das hat bey Menschendenken noch niemand erfahren.

Um also den Ton der Augspurger zu beurtheilen bleibt einem Fremden nichts übrig, als das Theater oder der Ball.

Das erstere, welches von reisenden Truppen bedient, und so bedient ist, wie es reisenden Truppen gewöhnlich, hat ein Noble Parterre und eine Gallerie für die feine Welt.

Das zweite, der Ball, siehet dem Fahnentanz der Fleischhacker zu Wien ähnlich. Dann überhaupt findet man in Reichsstädten keinen Geschmack an Masken, und das aus der Ursache, weil der Rang darunter verlohren gehet.

Unter den Meisterstücken des Lux und der Baukunst sind die Hotels Banquier von Lieber, des Fabrikanten Herrn von Schülin, des Reichsstadtvogt Herrn von Imhof, so viel ich weiß, die brilliantesten.

Den famosen goldenen Saal, worauf die alten Chronicken der Stadt so stolz thun, und der heut zu Tag die Bewunderung der Handwerkspursche ist, nus man nicht in Betrachtung ziehen. Noch vorzüglicher verdient der sogenannte Fugger'sche Saal Aufmerksamkeit, welcher ganz im palmyrin'schen Geschmack ist.

Augspurg.

Daß ich, indem ich ihnen sagte, Schwaben zähle unter seine berühmten Köpfe kaum jemand mehr als Abbt, Müller ꝛc. ꝛc. einen wichtigen Gedächtnißfehler begieng, weil ich einen Brucker, einen Moser und unser unvergleichlichen Wieland nicht nannte: diß, gnädiger Herr, empfand ich, noch bevor ich ihre Erinnerung hierüber erhielt, selbst.

Um

Um nicht zum zweitenmal in diese Sottise zu fallen, will ich mich befleissen, bey Augspurg, ehe ich es verlasse, desto genauer zu seyn.

Der barbarische Zustand, worinn der Buchhandel hier schmachtet, hindert nicht, daß es nicht wahre Gelehrte giebt. Dann nicht alle Gelehrte schreiben Bücher, und, zum Glück, sind nicht alle Schriftsteller Gelehrte, spricht das Buch vom Verdienst.

Erinnern sie sich, daß ich ihnen den Herrn von Stetten genannt habe. Man kan das Verdienst nicht oft genug nennen. Nach diesem Gelehrten merken sie sich den Herrn Rektor Mertens: einen vortreflichen Pädagogen und einen noch gröffern Polyhistor. Seine Programme sind voll Geistsumfang und tiefer Litteratur

Den Herrn Rathsconsulenten von Tröltsch, welcher einer der berühmtesten Rechtsgelehrten und Publizisten in Schwaben ist.

Die Herren Prediger Wasser, Häckhel, Steiner und Hörner. Der erstere ist wegen seiner kernhaften Kanzelreden allhier sehr beliebt, und seine Kirche ist sehr gefehrt. Der letzte ist, wie sie wissen,

der

der Fortsezer einer schwäbischen Gelehrten-Nomenklatur.

Den verdienstvollen Verfasser des Maschenbauer'schen Intelligenzblatts. Er ist Schullehrer am Lycäum allhier, von Geburt ein Hungar. Man weiß, daß es ein Nationalcharakter der Hungarn ist, im wissenschaftlichen Fach der Musen vorzüglich tief einzudringen. Ausserdem daß er solches Verdienst vollkommen rechtfertiget: so ist dieser liebenswürdige Schulmann noch von einem sehr gefälligen, gesellschaftlichen und dienstfertigen Karakter.

Noch einen Musensohn darf ich nicht vergessen. Es ist Herr Magister Christof, ein junger, angenehmer und geistvoller Mann. Ich habe einigen seiner Predigten, bey den Züchtlingen, beygewohnt. Sie enthielten jenes Oel, jenen Schwung, jene Darstellung, die man in unsern Tagen zum Muster einer guten Kanzelrede giebt; und am Ende dieselbe Salbung, welche für die Heerde, so er vor sich hatte, zuträglich war. Ueberdem ist Herr Christof Dichter, Musicker, Kenner und Sammler in den schönen Künsten — und was alles diß übertrift — ein feiner und verbindlicher Gesellschafter.

Soll

Soll ich ſie an den Pater Schönfeld erinnern? Nein. Sie wiſſen bereits, daß er auswärts bekannt iſt: weil wir ſeine Werke miteinander zu Wien laſen.

Sonſt giebts Niemand in der Werkſtatt der Muſen hier, deſſen Nahme genannt zu werden würdig wäre. Der übrige litterariſche Pöbel beſtehet aus Gemeinpläzern, Tagwerkern, Trödlern und Cicerone in den Buchläden, die ſich, wie in allen übrigen Orten, als Erdläuſe an das wahre Verdienſt hängen, und die man vermuthlich, wie dieſe ausrotten würde, wann ſie das Pulver werth wären.

Oettringen. Im Rieß.

Wann ich irgend einen berühmten Umſtand zu Augſpurg aufzuheben vergeſſen habe: ſo iſts zu ſpät. Ich bin bereits zwanzig Meilen davon entfernt.

Auf meinem Wege habe ich nichts Betrachtenswürdiges gefunden. Man paſſirt einen Theil von Bayern. Donauwörth, die einige Stadt von Conſideration, die man betritt, gehört, wie uns die neueſten Akten des Teſchner Friedens erinnern, nicht mehr unter dem ſchwäbiſchen Meridian.

Kaiſersheim, ein in Schwaben berühmtes Reichsſtift, liegt eine Viertelmeile von der Poſtſtraſſe ab. Ich

Ich bin nicht glücklich genug gewesen, es zu sehen. Man müste aber in der Historiographie sehr fremd seyn, wann man nicht von der brillianten Regierung des heutigen Prälaten, und von den Verdiensten des gelehrten Pater Mayers, welcher dieses Convent illustrirt, unterrichtet wäre.

Ein unbeträchtliches Reichsstädtchen, Nahmens Nördlingen, auf der schwäbischen Gränze, ist der lezte Ort, den man betritt, ehe man im Rieß anlangt. Seine Verfassung ist demokratisch, und der Rath bestehet ganz aus Professionisten. Das ansehnlichste Haus des Rath Kiderlin, eines reichen Negozianten. Die Honneurs desselben gewinnen sehr durch die Schönheit der Dame vom Haus, welche eine der liebenswürdigsten Nimpfen unter dem schwäbischen Himmel ist.

(Die Fortsezung der schwäbischen Briefe im nächsten Band.)

Supplement.

(Zum V Band, Seite 309. — Ueber Herrn Pfeffel, oder die Akademie zu Colmar.)

Im fünften Stücke des dißjährigen Musäums, haben wir eine Nachricht von unserm Institut gefunden, die uns nöthigt, auf einen Augenblick aus der Dunkelheit hervorzutreten, in der uns so wol ist. So wenig wir uns scheuen beurtheilt zu werden, so wünschen wir doch nicht, daß es nach dieser Skizze geschehen möge. Sie liefert blos die Aussenlinien unserer Anstalt, aber auch diese nicht im ganzen Umriß und nicht getreu genug, um sie kenntlich zu machen. Der Herr Verfasser hält sich nicht bey Dingen auf, welche kindisch oder widersinnig scheinen, wenn man nicht den Schlüssel dazu hat und gerade diesen Schlüssel hat er entweder nicht gehabt, oder er hat ihn nicht herausgegeben. Er sagt z. B. von unserer Ehrencompagnie: „daß alle Mitglieder ihre Privilegien verlieren, wenn

wenn eines sie übertritt." Er meldet aber nicht, daß dieser uns so schäzbare Ausschuß, als wir ihm seine Privilegien ertheilten, sich aus Dankbarkeit für unser Vertrauen, freiwillig dieses Gesetz auferlegt hat.

Ueberhaupt finden wir in dem Artikel von den Belohnungen und Strafen, viel unrichtiges. Nicht drey, sondern acht Fleis- und Sittenpfennige bekömmt wöchentlich ein Zögling und er muß alle acht verlieren, um eine böse Note zu verdienen. Die Liste der Lehrbücher ist eben so unvollständig, als das Verzeichnis der Docenten. Unter diesen vermissen wir z. B. unsere beeden mathematischen Lehrer, wovon einer das Nöthige aus der Ingenierkunst vorträgt, mit der wir selbst, uns nie beschäftigt haben. — Beim Artikel der Pension, welche nicht mehr und nicht weniger, als 48 neue Louisd'or beträgt und bey einem Institut, das unter dem Auge der Vorsicht, ganz durch sich selbst besteht, nicht geringer seyn kan, wäre es nicht überflüssig gewesen, anzumerken, daß ausser der Nahrung und dem Unterricht (die blos willkührlichen Privatlectionen ausgenommen) die vollständige, mehr als zwiefache Kleidung, Frisur, Holz, Licht, Wäsche; die Lieferung der Lehrbücher und Waffen; die Materialien ten zum Schreiben und Zeichnen, und ein jährliches Taschengeld von 3 neuen Louisd'or darunter begriffen sind. Doch es ist unsre Absicht nicht, dem Herrn Verfasser Schritt vor Schritt zu folgen, noch weniger eine Beschreibung unsers Instituts zu liefern. Dieses soll einmal geschehn, wenn wir es der Mühe werth achten, das Publicum davon zu unterhalten. Dann würden wir eine kurze Geschichte des Ursprungs unsrer Anstalt; eine getreue Erzählung unsrer Lehrart, unsrer Polizey, unsrer moralischen Triebwerke; ein Gemählde des gesellschaftlichen Lebens unserer Zöglinge, ihrer Spiele, ihrer Vergnügungen; eine offenherzige Darstellung unserer verbesserten und unverbesserten Fehler, unserer gelungenen und fehlgeschlagenen Versuche; alles dieses und noch mehr, würden wir für nöthig halten um den Leser in den Stand zu sezen ein richtiges Urtheil über das Ganze und seine Theile zu fällen. Bis jezo könnten wir kein Quartblatt mit neuen Bemerkungen oder Kunstgriffen im Erziehungswesen anfüllen, und unsere Proben sind noch nicht bewährt genug, um als sichere Erfahrungen angekündigt zu werden. — Was hätten wir also der Welt zu sagen? — Nichts, denken wir, und bey dieser Ueberzeugung ist es weder Politik noch Affectation, zu schweigen.

Pfeffel. Lerse.

* * *

Diese bereits im neuesten Stück des Musäums eingerückte Erklärung wiederhole ich, mit eigener Erlaubnis der Herren Interessenten, in den Chronologen — nicht um diese durch Nachdruck zu bereichern; sondern aus Pflicht, weil sie einen Theil der innberührten Irrthümer aus jenem Journal übernommen haben.

Wann alle übrigen durch vorstehende Berichtigung abgefertigten Stellen im Musäum falsch waren: so wars wenigstens jene niemals, wo diese Schrift von dem edelmüthigen Karakter des Herrn Pfeffels und seiner Mitarbeiter, und von der Güte ihres Herzens spricht; dann Nichts bekräftigt solche Angabe mehr, als der Ton gegenwärtiger Erklärung Selbst.

Becker und der Teufel.

Eine Recension.

(Leben, Meinungen und Schicksale des Balthasar Beckers, weil. Doktors der Theologie und reformirten Predigers in Amsterdam, bekannt durch sein Buch die bezauberte Welt. Herausgegeben von J. M. Sch ager. Mit einer Vorrede D. J. S. Semmlers von Verbesserung des Plans einer bezauberten Welt. Leipzig, in der Weigandschen Handlung. 1780.)

In ein Denkbuch, welches die Geschichte der Aufnahme unserer Zeiten, die Fortschreitung des Geists und der Sitten, und des Siegs über die Vorurtheile zum Zweck hat, gehören auch alle merkwürdige Bücher, welche irgend eine Art von Epoche machen, von Rechtswegen.

Zwar liegt Nichts weniger im Plan der Chronologen, als litterarische Recensionen. Von der persönlichen Unhinlänglichkeit seines Talents, den Gehalt einer Schrift nach den gesündesten Regeln der Kritik zu beurtheilen, allzulebhaft überzeugt;

und mit den Regeln des Wohlstands und der Bescheidenheit allzugut bekannt, um sein individuelles Urtheil dem Publikum zum Maaßstab aufzubringen, ist der Verfasser niemal gesonnen, der Kunstrichterzunft ins Handwerk zu greifen.

Blos gewisse Erscheinungen, die in ihrer Art Phänomene sind, und die, indem sie den Wärmpunkt der Denkungsart des Jahrhunderts bestimmen, zu Erbauungsschriften werden, behält er sich vor — und zwar nur von jener Seite — anzuführen, von welcher sie zu Beförderung des allgemeinen Wachsthums auf dem Weg der Aufklärung und des Menschenwohls dienen.

Von dieser Seite hat man die so betittelte bezauberte Welt des berüchtigten Beckers, die neuerlichst in einer deutschen Uebersetzung wieder auflebt, immerzu betrachtet.

* * *

Wer nur ein wenig im Alterthum bewandert ist, der weiß, daß die Lehre von Engeln — woraus in der Folge die von Teufeln entsprungen ist — ursprünglich aus der chaldäischen Theologie herrührt, und daß sie den Hebräern, von welchen sie auf uns kam,

kam, niemals eher, als in ihrer berühmten Gefangenschaft zu Babilon bekannt wurde.

In der That findet man im berühmten Shasta, dem geheiligten Rest der brachmanischen Lehre — und zwar im zweiten Kapitel — daß das ewige Wesen, in die Betrachtung seiner Schöpfung verliebt, aus einem überschwinglichen Antrieb der Güte sich entschlossen habe, seinen Ruhm und seine Allmacht mit gewissen Geschöpfen zu theilen, und sie eines Theils seiner eigenen Seeligkeit fähig zu machen. „Der Ewige sprachs — sagt das Buch Shasta — und es geschah."

Zuerst erschuf er seine Lieblinge Birmah, Vichnou und Sib; nach diesen den Mozazor, und endlich den ganzen unermeßlichen Chor der Engel. Der Unerschafne gab die Oberstelle unter ihnen dem Birmah, und ordnete ihm Vichnou und Sib als Gehilfen in der Regierung der englischen Hierarchie zu. Nachdem er solche in verschiedene Ordnungen getheilt hatte, so bestellte er einige zum Streitheere für die Menschen, andere zur Bedienung seines Throns.

Eine unbeschreibliche Harmonie der Sphären unterhielt jeden Tags den Hof Gottes. Mozazor, Oberhaupt von der ersten Ordnung stimmte gewöhnlich den Lobgesang an, und die übrigen Ordnungen gaben die Chöre.

Man überlege wohl, daß es ein heydnisches, ein von dem seeligmachenden Herd verworfenes Buch ist, welches diese Blasphemien erzählt. Man hat also keine Ursache, sich zu ärgern.

So dauerte die göttliche Haushaltung binnen einigen Millionen Jahrtausenden hindurch; und sie würde zuverläßig bis ans Ende der Zeit gewährt haben; hätte nicht der Neid den Mozazor und einige andern Oberhäupter übernommen, daß, sie ihrer Seeligkeit und ihrer Pflicht vergessen, sich vermessentlich gegen den Ewigen empörten; indem sie sich weigerten, unter den Befehlen des Vichnou und Sib zu dienen.

Sie verbreiteten das Gift des Mißvergnügens in die ganze himmlische Armee. Sie flochten einen grossen Theil in ihr Projekt, und kündigten Gott den Gehorsam auf.

Er,

Er, der nach seiner unumgränzten Allwissenheit Alles vorausgesehen hatte, betrachtete gleichwol die Verirrungen Mozozors und seiner Gesellen mit innerlichem Kummer. Er ordnete den Birmah, Vichnou und Sib an sie ab, um sie zu überreden, wieder zu ihrer Pflicht zurückzukehren. Da sie aber dem Allmächtigen Troz boten: so befahl er dem Sib, an der Spize des himmlischen Heers gegen sie anzurücken, und sie von der Stufe des ewigen Schimmers in den Abgrund der Nacht zu stürzen, um allda tausendmal tausend Jahre zu schmachten.

Tausend Jahre waren an ihrem Leiden verflossen: als Birmah, Vichnou und Sib sich zu den Füssen des Beherrschers warfen, und um Gnade für die Missethäter baten. Der Ewige würdigte ihnen Vergebung widerfahren, und sie aus dem Kerker der Nacht — der Ondera — zu entlassen. Eine Million Sonnenläufe hindurch brachten sie in einer Art von Fegfeuer zu.

Während dieser Zeit gefiel es dem Erschaffer, die Welt und dasjenige Gestirn darinn, welches wir die Erde nennen, werden zu lassen. Diese räumte er den rebellischen Engeln zur Wohnung ein.

So erzählt der Shasta den Ursprung der Engel und der Teufel. Dieser Shasta ist die Bibel der alten Brachmanen, oder der Urväter der nachherigen Chaldäer, Indier und der heutigen Parsen.

In der ganzen Geschichte der Juden findet man keine Spuhr, daß ihnen diese Lehre eher bekannt ward, als bey ihrer Zurückkunft aus der persischen Gefangenschaft; das ist bey derselben Gelegenheit, da sie ihre heiligen Schriften, nach einem langen Verlust, wieder auffanden, und darunter die zwei Stücke, von welchem die Bibel unter dem Titel des Buchs Enoch, und des Jobs gedenkt, und die ohne allen Zweifel, wo nicht mit dem Shasta gleichzeitig, doch von einem eben so ehrwürdigen Alterthum sind.

Diese zwo Schriften berühren die Geschichte von der Schöpfung, dem Aufruhr und Fall der Engel; und das Buch Enoch insbesondere sezt die Ueberlieferung des Shasta so fort.

Aus der unermeßlichen Bevölkerung der Erde floß, daß sich sehr schöne Töchtern unter den Menschenkindern befanden. Dieses verführte die Engel zur Liebe, und von dieser zu Ausschweifungen. Lasset uns unter den Töchtern der Menschen wählen, sprach

sprach einer zum andern. Semiaxas ihr Oberhaupt warnte sie: es war ihm bang, daß er persönlich für diese Unordnungen zur Verantwortung gezogen werden könnte. Allein man überwand seine Scrupel, indem man sich verschwor, zusammzuhalten und einer für den andern zu stehen.

Die Engel verbanden sich demnach durch einen Eid, ihren Zweck zu erreichen. Damals waren sie an der Zahl zweihundert. Sie versammelten sich — und dieß war um die Zeit des Stammvaters Jared — auf dem Gebürge Hermonim. Folgende waren unter den Anführern die vornehmsten: Semiaxas, Araciel, Parmar, Atarculf, Hosampsich, Sumiel, Samiel und Tiriel.

Sie heyratheten, uns Jahr der Welt 1170, Menschenweiber. Aus dieser Vermischung entsprungen dreyerley Geschlechter, die Riesen 2c. 2c.

Mit dieser leztern Anecdote ist die Offenbarung an verschiedenen Stellen selbst einig. Alle Ausleger der hebräischen Alterthümer hingegen stimmen in dem überein, daß die ursprüngliche Geschichte der Engel von einer Ueberlieferung herrühre, die die Juden während ihrer Galeere zu Babilon von

K 5 den

den Medern, den Nachkommen der Chaldäer, empfangen hätten. Sie gestehen einhellig, daß niemals ein Engel einen hebräischen Nahmen geführt habe; daß die Nahmen Raphael, Uriel, Gabriel, schlechterdings persisch, das ist chaldäisch wären.

Inzwischen wurde die übrige Geschichte des Teufels bis zu seinem gänzlichen Fall aus der Gnade Gottes, und seiner Verbannung in den Mittelpunkt der Erde, folgends vom Christenthum vollendet.

So war das Reich des Teufels beschaffen, als die christliche Secte mit den Trümmern der Schule zu Samaria zugleich ihre Theologie erbte. Unter den folgenden Zeiten der Finsterniß, der Zerrüttung und des Aberglaubens erhielt der Rebellengeneral Semiaxas ein sehr grosses Ansehen. Er veränderte seinen Nahmen in brilliantere Ausdrücke: Luzifer, Satan, Beelzebub, König der Finsterniß. Aus einem ehemaligen aufrührerischen, verdammten Engel wurde er zu einem zweiten Weltherrscher, zu einem Nebengott.

> Ce pauvre diable qu'on disait rôti dans un trou sou la terre, fut tout étonné de se trouver le maitre du monde.

Man weis die traurigen Folgen, welche diese finstere Philosophie verursachte. Spaltungen in der Lehre Christi, Zänkereyen in seiner Kirche, falsche Ausdeutungen des Geists des Evangels, Mißbrauch der heiligsten Werkzeuge der Religion, und Sekten, machten diesen Irrthum denkwürdig.

Die Race der Manichäer, welche die Kirche solang beunruhigte, und auf die wir noch mit Betrübniß zurücksehen, hatte ihren Ursprung nirgends als in diesen verwirrten Begrifen und in dem üblen Verstand der apostolischen Offenbarungen.

Diß war keine von jenen Schwärmereyen des menschlichen Geists und der Pedanterey der Schulen, welche keine andern Wirkungen mit sich führten, als daß sie einige Zeit ein dialectisches Gezänk unterhielten und mit Gelächter untergiengen: der Glaube an die Geister hatte ernstliche Folgen.

Man räumte der Familie des Semiaxas einen Theil der Regierung der Welt ein; man gab ihr die Gewalt, Ungewitter, Krankheiten, Donner und Bliz zu erregen, die Leute zu besitzen, bei den Weibern zu schlafen, Wechselbälge zu zeugen, Schäze auszutheilen ꝛc. ꝛc.

Kurz

Kurz, was dem weisern Alterthum, den Griechen, den Römern, einem Ariost, einem Dante, einem Milton diente, die Dichtkunst auszuschmücken und die Reize der Einbildungskraft zu verschönern, das wurde in den Händen der Orthodoxen zum Gegenstand des Schreckens, der Verzweiflung, des Aberglaubens — und der Scheiterhaufen.

So weit wars gekommen, daß niemand von einem Anfall der Hypochondrie, der Kolik, der Fallsucht betroffen werden durfte, ohne für besessen erklärt zu werden; daß kein ehrliches Weib mit Sicherheit mehr alt werden durfte, daß kein überlegeneres Genie mit einer Erfindung herfürrucken durfte, ohne der Inquisition in die Hände zu fallen.

Man erkennt hieran, welch ein unbegreifliches Schicksal die Wissenschaften beherrscht: wie alle und jede Lehren von der Stufe der Einfalt, auf der sie entsprangen, nach und nach bis zur niedrigsten Absurdität herabsanken, und in die tollsten Ungeheuer ausgeartet sind.

So giengs mit der Lehre vom Teufel. Zur Zeit Beckers war der Mißbrauch aufs höchste gekommen.
Eben

Eben dieselben Theologen, welche die Orakel der Alten für infame Maschinen ausgaben, welche sie dem Betrug, der Geldkipperey, der Spizbüberey zuschrieben, machten den Exorzismus zur Profeſſion. Sie liessen Teufel in Menschenkörper fahren; liessen sie aus denselben in fremden Sprachen reden, und trieben sie, fürs Geld, wieder aus.

La devise de tous ces Exorcistes était: donnez moi de l'argent et je vous délivrerai du diable.

* * *

Vermuthlich waren diese Umstände der erste Eindruck, welcher den speculativen Geist Balthasar Beckers, eines Theologen aus der Synagoge zu Franeker, in Glut sezte, und den Grund zu dem berüchtigten Werk die bezauberte Welt, das seinen Nahmen aufbehielt, gelegt hat.

Wann man den Keim der gesegneten Reformation in dem heiligen Eifer eines Luthers gegen die Mäckleley der römischen Schule suchen muß; muß man vielleicht nicht den Keim der Kontroverse Beckers in der Mäckleley der holländischen Schule suchen?

So scheints. Ich überlasse die Geschichte der Meinungen dieses selzsamen Mannes der Nachlese des Publikums in der vom Verfasser gegebenen neuen Auflage. Meine Absicht ist nicht zu wiederholen.

Blos über den Gegenstand an sich selbst entwerfe ich einige Betrachtungen. Der Herausgeber mag sie berührt haben oder nicht. Ich habe seine Uebersetzung noch nicht gesehen.

Becker grif den Teufel, in der Mitte des siebenzehnten Jahrhunderts — zu eben der Zeit, da Michelle Chodron in Genf verbrannt wurde, und Bayle die Welt aufzuklären anfieng; und noch lange bevor man die Hexen in Deutschland zu verbrennen aufhörte. —

 Nota bene. Daß man nicht vergißt, daß noch Anno 1752 eine Hexe, des Göbel Baberlein zu Würzburg verbrannt wurde:

durch ein sehr dickes und einschläferndes Buch an. Seine vornehmsten Gründe waren jenes, was wir vom Uebergang der Religion der Geister aus der chaldäischen in die jüdische Theologie angeführt haben: und daß es zufolge der Gesezze der Welt und
          der

der Gottheit unmöglich zwoerley Kräfte in der Natur geben könne ꝛc. ꝛc.

Der Teufel antwortete Beckern nicht — vermuthlich weil er seinen Traktat zu ennuyant fand. Aber die Theologen, die Kollegen des Autors in Holland, kamen in Bewegung. Sie nahmen die Parthie des Teufels. Becker wurde excommunicirt, und abgeschaft.

Hätte Becker es dabey bewenden lassen, dem Teufel ein wenig die Krallen zu stutzen: so möchte es immer noch hingegangen seyn. Aber wenn ein Geistlicher den Teufel ausrotten will: so verliert er mit Recht seinen Dienst.

Versuch über den Geist und die Sitten der Völker.

Umsonst befahl man Beckern in Prose und in Versen, zu schweigen; umsonst warf man ihm vor, daß er sein System selbst widerlege, weil er an Heßlichkeit dem Teufel gleiche. Becker wurde noch immer ergrimmter: „Wann ein Teufel vorhanden ist, (schreibt er) so würde er sich über die Schikane die ich ihm errege, bewegen. Ich fordre ihn aus.“

Die

Die meiste Schwürigkeit machte ihm die Stelle des neuen Testaments über die Versuchung des Heilands in der Wüste.

Gleichwohl scheint ihm das, was wir aus dem Shasta angeführt haben, nicht bekannt gewesen zu seyn. Sonst würde er vermuthlich die dem Knaul seiner Schlüße so zuträgliche Folge daraus gezogen, und an solchen geknüpft haben, daß die Ewigkeit der Hölle nicht statt habe, nachdem der Ewige ein sichtbares Beyspiel der Vergebung an der Rotte des Mozazor bewiesen.

Es ist glaublich, daß Beckers Buch — so gelehrt es ist, und so evident sein Lehrsatz ist — niemals vollkommen gelesen wurde. Die langweilige Abhandlung der Materie, der weitschweifige und profuse Styl, die ermüdende Logik muste jedermann abschröcken.

Weit wunderbarer aber ifts, daß ein anderer Schriftsteller, ein Landsmann Beckers, der den Teufel unendlicher lebhafter, beredtsamer und durch ein wirklich interessantes Buch angrif, unangefochten entkam. Diß ist, wie man weiß, der berühmte van Dalen.

Der

Der Arzt van Delen, sagt Voltaire, der ein sehr menschlicher Weltweiser, ein ausgemachter Gelehrter, ein liebenswürdiger Bürger, ein Genie, welches um so unternehmender war, je mehr sich sein Muth auf Tugend gründete, widerlegt diese Thorheiten aufs Neue in einem sehr gründlichen Werk, das voll interessanten Ideen ist. —— Je conseille au Diable de s'addresser toujours aux faculté de théologie et jamais aux facultés de medecine.

Dem sey, wie ihm wolle. Das Reich des Teufels ist heut zu Tag ziemlich zerstöhrt. Die Polizey und die Arzneykunst haben mehr gethan, als Becker. Anstatt die Hexen zu verbrennen läßt man sie zu Ader, man laxirt sie, schickt sie ins Bad — oder wanns nöthiger ist, ins Zuchthaus.

Es ist gewis, daß die heilige Schrift, wann sie vom Teufel, von Gespenstern, von Besessenen redet, blos die Absicht hat, um sich zu unsern schwachen Begriffen herabzulassen. So oft sie, um sich auszudrücken, sinnliche Bilder erwählt: so will sie uns zu verstehen geben, daß sie sich nach dem eingeschränkten Kreis unserer Vernunft bequeme.

Daß ein Gott, ein Schöpfer, Erhalter, Regierer der Welt, daß dieses ewige Wesen unendlich anbethenswürdig ist; daß kein anderes Mittel ist, glücklich zu seyn, als sich ihn zu unterwerfen, es zu verehren, und seinen Willen zu befolgen: das ist ein in jedem politischen oder sittlichen Betracht nothwendiger, und im Reiche der Wahrheiten unumstößlicher Grundsaz.

Aber daß ein Teufel, ein gehässiges, lasterhaftes und feindseeliges Wesen ist, welches, von gleicher Dauer — und beynahe von gleichen Eigenschaften — mit nichts beschäftigt seyn soll, als die Absichten des guten Wesens zu vereiteln, und das menschliche Geschlecht ohnaufhörlich elend zu machen — das wollen wir zum wenigsten von der Güte des erstern nicht hoffen.

Ueber die neueste Kriegsbegebenheit.

Commentar

zur Addresse des General Arnold an die Einwohnere von Amerika.

* * *

Der Abfall des amerikanischen Anführers, Benedict Arnold, von der Parthey des Kongresses ist die neueste Kriegsbegebenheit, welche die öfentlichen Blätter anführen. *)

An sich selbst ist dieser Ausschlag nicht so selten. Vermuthlich hatte ihn der Kongreß-Washington längst erwartet. Das Betragen dieses Herrn war, wie man weiß, vom Anfang her immer schwankend und problematisch. Und vermuthlich war es blos der Abgang eines schicklichen Mittels — jene Furcht welche der Usurpation immer zur Seite gehet, welche eine von den Strafen ist, die den Tyrannen

---

*) S. x. x. Reichspostreuter Nro. 187. und Beitrag XCIIstes Stück. 23 Nov. 1780.

rannen nachhinken — was den Kongreß abhielt, den General, noch vor diesem Ausbruch, auf eine gute Art vom Theater entfernen.

Das aber, was diesen Schritt merkwürdig macht, ist die Erklärung an die amerikanische Nation, welche er veranlaßte, und welche eines der interessantesten Stücke ist, um das Publikum über die Situation der Angelegenheiten aufzuklären.

Man überläßt dem Publikum sie in den öffentlichen Blättern nachzulesen: man will es mit Nachdrucken verschonen. Es ist unmöglich, daß das Manifest des General Arnold's nicht allzuoft gelesen seyn sollte.

Den Chronologen sey blos das Verdienst vorbehalten, dasselbe durch eine eben so denkwürdige, aber minder bekannte, Piece zu commentiren.

* * *

Träumereyen eines Schweizers.

(An die Chronologen in der französischen Urschrift eingeschickt. — Aus Genf, März 1780. *)

Ein

*) S. das Stück auch zum Theil, in der Originalsprache in Linguet Annales IX Vol. Nro. 72.

Ein Monarch, welcher sich mit seinen in der Empörung begrifenen Unterthanen unterhält, spricht unter andern, folgendes.

Meine Kinder!

Bey diesem Nahmen mache ich mir immer ein Vergnügen, euch zu nennen. Und als ein zärtlicher, liebender Vater, der euch blos durch Zuspruch zur gesunden Vernunft und zur Pflicht, von welcher ihr euch verirrt habt, zurückzubringen wünscht: nicht aber als beleidigter Herrscher, welcher sich seiner Macht bedienen könnte, um sich Gehorsam zu verschaffen, will ich auch izt mit euch sprechen.

Diese Unterredung soll nichts als euer dringendes Bestes zum Zweck haben. Hört mir also aufmerksam zu, und nimmt alles mögliche kalte Blut, wozu ihr fähig seyd, zusamm, um einer Vorstellung abzuwarten, die euer wichtiges Interesse betrift.

Die ganze Welt weiß, wie sträflich euer Betragen seit einigen Jahren gegen mich und meine Dienere war, und noch gegenwärtig ist. Unterdessen ist es mir gleichwol nicht unbewußt, daß ihr blos durch einzelne unruhige und ehrsüchtige Köpfe verführt worden, deren Absicht nichts anders ist, als zu regieren, und die euch durch falsche und erkünstelte Vorstellungen zur Theilnehmung an ihren Projekten verleitet haben.

Demnach muß ich euch nicht anderst betrachten, als für unglückliche, verirrte, durch tausenderley überzuckerte Ränke betrogene, und in einen unergründlichen Abgrund gestürzte Menschen.

Auf diese Art haben eure Verführer, nachdem sie euch vorerst durch alle jene, den Erwerbern der falschen Gewalt eigenen und gewöhnlichen Handgriffe die Köpfe erwärmt und die Augen geblendet haben, in einen ofenbaren Aufruhr gegen euren rechtmäsigen König verwickelt; indem sie euch solchen als einen Tyrannen vorgemalt haben, dessen unerträglich gewordenes Joch man abschütteln müsse, und indem sie euch von einer Freyheit vorsangen die doch in der ganzen Welt nimmer vorhanden ist.

Auf diese Art hat man euch verleitet, daß indem ihr für Freiheit und Wohl zu arbeiten glaubet, ihr in der That für eure Unterdrückung und für euer unwiederbringliches Elend arbeitet.

Nun:

Nun: solchen Menschen huldreich zu verzeihen, und sie mit Sanftmuth aus ihrem Irrthum zu ziehen suchen, ist ein schöner, und einem König wohlanständiger Gedanke.

Gesezt — um mich euren Begrifen aus Nachsicht zu nähern — daß ihr in der That einige Ursache, euch über meine Regierung zu beklagen, hättet: als ein guter Herrscher, der sich selbst in lediglich Nichts, was irgend zu seinen Ohren gekommen ist, und von seiner Erkänntniß abhieng, und dessen Gesinnungen gegen euch immer die vollkommensten waren, ich will alles Vergangene in Vergessenheit gestellt wissen.

Gehen wir also gänzlich über das, was geschehen ist, weg; laßt uns mit nichts, als mit dem Gegenwärtigen, beschäftigt seyn — oder mit dem, was sich möglicherweis von der Zukunft einsehen läßt.

Welch schreckliches Bild — gütige Götter! — die Lage worinn man euch anschauet! Wer kan einen Blick darauf werfen, ohne zu beben!

Jenseits siehet man euer Leben und Eigenthum allen möglichen Arten von Gefahr unablässig zum

Spiel gesezt. Unaufhörliche Schlachtopfer eurer Unternehmung vermindert sich die Menschlichkeit in euren geseegneten Gegenden, und statt daß die Bevölkerung, worinn der gröste Ressort und das wahre Heil eines Landes bestehet, fortfahren sollte aufzunehmen: so stirbt sie aus. Sie zerfließt in Blutbäche und Brandstätten.

Ackerbau, Kunstfleiß, Handlung, Schiffarth, diese vier wesentlichen Grundsäulen der öffentlichen Glückseeligkeit, liegen umgestürzt. Die Thore zur bürgerlichen Nahrung sind verschlossen, und die Kanäle des Reichthums ausgetrocknet. Für das Licht der Wissenschaften, der Sitten und der Künste, welches zum Leben des Vaterlands so nothwendig ist, herrscht Finsterniß, Schwärmerey und Laster.

Diesseits siehet man eine neue Constitution eingeführt, die in ihren Grundsäzen völlig verkehrt und fehlerhaft ist; die der physischen Natur des Landes widerspricht; und die, wann es möglich wäre, daß sie bestehen könnte, die Nation in ihren ewigen Untergang ziehen müste.

In etwas weiterer Entfernung zeigt sich ein unbändiger, allen Ausschweifungen überlassener Pöbel, der, durch unkräftige Verordnungen beherrscht, nach der Bildsäule eines schimärischen Götzen, unter dem Nahmen Freiheit läuft; der nur zwey Mittel, die Verzweiflung worinn er ist, zu vollenden vor sich hat: entweder seinen Hals in Fesseln zu beugen, oder seine neuen Tyrannen zu stürzen.

Finanzentwürfe, welche nichts anders als Mißgeburten entweder der tiefsten Dummheit oder der frechsten Betrügerey seyn können, ergänzen dieses traurige Bild.

Wie? Unsichere, schwache Empörer getrauen sich Pappiermünze zu erschaffen, und diese elende Lappen der Welt für gut Geld aufzubinden? Getrauen sich, ihrer schimärischen Münze Cours und Kredit zu verschaffen? Etwelche Millionen, und sogar Milliarden (Dollars), zu fabriziren, ohne im mindesten den nöthigen Fonds zu haben, sie im Nothfall einzulösen? Und alles diß ohne Betracht, daß eine reiche und mächtige Nation, wie die französische, von dem Schifbruch, den ihr eine ähnliche thörrichte Operation, womit sie schon vor einem halben Jahrhunderte einen Versuch machte, (unge, achtet dieser Versuch noch besser combinirt war und

L 5 dem

dem Anschein nach sich auf etwelche solide Hülfsquellen gründete,) zuzog, noch dato nicht gebeilt ist.

Kurz, überall wohin man blickt, siehet man Unordnung, Elend, Desolation, Verwirrung — mit Einem Wort alle Uebel, die aus der Anarchie fliessen, vereinigt, euer Verderben zu vollenden.

Sehet, meine Kinder, das traurige Geschenk, womit euch eure Anführer beschicket haben. Dieses sind die bittern Früchte, welche euch der unglückliche Bürgerkrieg eingetragen haben, eine der unsinnigsten, der unbilligsten, der unnatürlichsten Unternehmungen, auf die ihr jemahls fallen konntet.

Als euer Gebiether kan ich niemals zugeben, daß ihr auf eurer sogenannten Unabhängigkeit beharret. Und wofern der Himmel nicht zuläßt, daß ich euch durch die gütlichen Mittel der Zurede zu eurer Pflicht zurückbringen mag: so werdet ihr mich nöthigen, die Macht anzuwenden.

Dieses Mittel hat meiner angebohrnen Güte immer widerstrebt, und noch wirklich wehrt sich mein Herz dagegen. Allein nicht immer ist mir erlaubt, Meister meiner persönlichen Bewegungen zu seyn. Pflichten, die von meinen Privatangelegenheiten

heiten verschieden sind, liegen mir ob. Hierunter ist eine der vornehmsten, welche mir auferlegt, für die Ruhe meines Reichs, die Ehre meiner Krone und das Beste meiner Unterthanen zu stehen.

Der Krieg ist ohne Widerspruch ein fürchterliches Uebel für diejenigen, die sich dazu genöthigt sehen. Aber noch wahrscheinlicher ist, daß eure angemaßte Unabhängigkeit weit schlimmere Uebel nach sich ziehen müste. Wann man nun zwischen zwey Uebeln durchaus zuwählen hat: so ziehet man natürlicherweis das gelindeste vor.

Dem zufolg mus ich euch entweder mit Gewalt zur Ruhe bringen, oder euch in euer Verderben rennen lassen. Das leztere erlaubt meine väterliche Liebe zu euch nicht. Und was das erstere betrift: so habe ich mir vorgenommen, indem ich gegen euch die Waffen ergreife, hierinn soviel die Umstände möglich machen, mich zu mässigen, und euch so sehr zu schonen, als ihr vertragen könnet.

Diß ist die Ursache, warum ich bisher nur einen mittelmässigen Theil meiner Kräfte gegen euch in Bewegung gesezt habe, in Hofnung ihr werdet euch von selbst besinnen, und von der Gefahr abgeschröckt, zurücktretten.

Nichts

Nichts ist aber gewisser, als, wenn ihr mich durch euren fortgesetzten Hartsinn nöthigen solltet, meine ganze Macht ans Spiel zu bringen: so müste es euch reuen, meine Gnade verachtet zu haben.

Die Kräfte welche Großbrittannien erhaben, welche euch gegen eure Feinde beschüzt, und in allen Welttheilen gesiegt haben, bestehen noch. Sie sind dieselben, welche die Erde so oft zittern gemacht haben.

* * *

Diese Schrift ist noch um einige Blätter im Original stärker. Allein da das weitere nichts als eine Amplifikation vorstehender Gründe ist: so sey es für unsere Absicht genug an soviel. Ich nehme mir die Freyheit dabey abzubrechen, theils um die Geduld meiner Leser nicht zu überspannen, theils um den Chronologen einen Raum zu erspahren, woran ihnen nur allzuviel gelegen ist.

Welchen Einfluß haben die Wissenschaften auf die Regierung?

Eine Preisfrage
von der königlichen Akademie der Wissenschaften zu Berlin.

Fortsezung und Beschluß

(der S. 253. V. Band abgebrochenen Materie.)

Mein Herr!

Ich hoffe doch, es sey ihnen nicht Ernst, die Materie, welche sie im vorigen Band ihrer Chronologen Seite 253 angefangen haben, fortzusezen? Unmöglich können sie sich vorgesezt haben, dieses Sujet von einer ernsthaften Seite zu betrachten.

Sollte es ihnen unbekannt seyn, wie die Welt den Einfall, diese Frage vorzuschlagen, beurtheilt hat? — Diß wäre vielleicht möglich: sie sagen selbst, daß in den philosophischen Hayn, worinn sie leben, wenig Neuigkeiten durchdringen.

Wohlan!

Wohlan: so will ich ihn erzählen.

„Die Frage, welchen Einfluß haben die Wissenschaften auf die Regierung? ist dieselbe: soll man das Volk betrügen oder nicht?"

„Diese Frage beleidigt den Menschenverstand so sehr: sie ist für das menschliche Geschlecht so entehrend, für die Rechte der Menschheit so verfänglich, daß man sich wundern muß, wie es möglich war, daß ein so aufgeklärter und gerechter Monarch, wie Friedrich II. sie erlauben, und wie eine so berühmte Akademie, wie die zu Berlin, sie immer aufstellen konnte."

„Wie? Ihr wollt wissen, ob ihr das Volk unterrichten oder ob ihrs betrügen sollt?"

Betrüget! So werdet ihr die Zeiten der Religionskriege, der Kreuzzüge, der sicilianischen Vespern und der Bartholomäusnächte erneuert sehen."

Betrüget! So werdet ihr Ravaillacs, Malagrida's, Cromvel's und Pulawsky's auferstehen sehen.

„Betrüget! So werdet ihr Servet'e und Vatini's auf dem Scheiterhaufen, Galiläi im Kerker,

Wol=

Wolfe, Bayle'n und Rousseau's im Exil se=
hen."

"Betrüger! So werdet ihr die Erde vertrocknet, die Nahrungssäfte derselben von den Pfaffen ver=
zehrt, die Staaten von Tyrannen verwüstet, und das menschliche Geschlecht in der Verzweiflung se=
hen."

"Betrüger! So werdet ihr Rußland, Schweden und alle Reiche, die sich mit Hilfe des Lichts her=
fürgearbeitet haben, in eben dieselbe Barbarey zu=
rück fallen sehen, worinn sie waren, und worinn noch Polen, die Türkey ꝛc. ꝛc. sind."

"Betrüger! So werdet ihr eure Weiber und Töchtere der Wollust der Priester und der Tirannen, eure Güter ihrer Verschwendung und eure Hälse ih=
rem Messer ausgesezt sehen."

"Gott der Natur! Unbegreifliches Wesen! Solltest du wollen, daß die Völker betrogen wer=
den?"

"Nein! Um deswillen hast du die Bacon'e, die Leibniz'e, die Hobbes, die Platon'e, die Gallilä=
entstehen lassen."

"Um

„Um deswillen hast du die Friederiche, die Gustafe, die Victor Amadeno, die Katharinen, Antonine und Marc-Aurele auf den Thron gesezt."

„Warum fragt man nicht lieber: ob man das Volk massakriren oder vergiften soll?"

„Unstreitig ist die Frage unserer Zeit, und des Ruhms einer gelehrten Gesellschaft unwürdig."

„Fragt den Schatten Heinrich's IV, Karl's I, Joseph's von Braganz, ob es gut sey, daß das Volk betrogen und fanatisch sey."

So hat man von dieser Frage gedacht und geschrieben. Wie werden Sie davon schreiben wollen?

Ihr

Bewunderer und Diener
L. d. N.

Achtungswürdiger Gönner der Chronologen.

Ich gestehe, daß ich im ganzen Ernst entworfen hatte, die Frage, die ich auf der 253sten Seite des vorigen Bands abbrach, fortzusezen. Nicht, um die Akademie, noch weniger um das Publikum auf-

aufzuklären — wer sollte schwach genug seyn, sich so lächerliche Einbildungen zu machen? — Sondern blos zu meiner Selbsterbauung.

Noch mehr. Nicht nur ergänzen wollte ich meine Reflexionen: sondern eben so scherzhaft als ich im Eingang war, so ernst sollte, meinem Entwurfe nach, die Folge abgehandelt werden. Der gegenwärtige Plaz war wirklich zur neuen Fortsezung dieses Stücks bestimmt.

Wie verbindlich, theurer Mann — wer sie auch sind — danke ich ihnen für ihre Erläuterung. Sie ziehen mich von einem Lächerlichen zurück, in das ich mich zu stürzen im Begrif war.

Ohne an den Anzüglichkeiten Theil zu nehmen, womit, wie sie melden, das indiskrete Publikum die Akademie beleidigt, gebe ich den Gründen desselben Beyfall.

Es sind genau dieselben, die ich, wann ich ohne Präsumtion es sagen darf, ausgehoben haben würde, um den Schluß, womit ich geendigt hätte, abzuziehen: daß die Unterdrückung des Lichts in einem Staat in keinem Betracht nüzlich seyn könne.

Was reflektirenden Köpfen bey diesem Gegenstand am meisten auffallen muß, das ist, wie es scheint, die Idee daß gerade die Akademie zu Berlin auf diese Frage fallen muste. Niemand weniger als eine Akademie, die in den Landen Friederichs II lebt, sollte dem Ansehn an der Frage strauchlen, ob die Erleuchtung der Nation in die Vorzüge der Regierung Einfluß hat: ob es die Wissenschaften sind, welche ein Reich blühend, mächtig und berühmt machen? Die Regierung Friederichs hat es längst im Angesicht der ganzen Welt entschieden.

Lassen sie uns alle übrigen Betrachtungen erspahren. Die Nachwelt wird niemals an dieser Frage zweifeln.

Aber wird sie glauben, daß man solche in unsern Zeiten aufgeworfen? — Inzwischen müssen wir nichts vermischen. Darf ich, ohne eine Unhöflichkeit zu begehen, eine Anmerkung bey ihren Betrachtungen machen, die ihrem Geist entgangen ist?

Hier ist sie. Die Frage der Akademie: welchen Einfluß hat die Regierung auf die Wissenschaften gehabt, ist von jener andern Frage, ists nüzlich das Volk zu hintergehen? unterschieden.

Das

Das Publikum — oder wenigstens der Urheber obiger Reflexionen — scheint unbedachtsamerweis beyde miteinander zu vermischen.

Die erstere, die eigentlich so ausgedrückt ist:

Welchen Einfluß hat die Regierung auf die Wissenschaften bey jenen Nationen gehabt, wo sie geblühet haben? Und welchen Einfluß haben die Wissenschaften auf die Regierung gehabt?

ist von der Klasse der schönen Wissenschaften aufgestellt worden. Sie ists, die ich zum Gegenstand meiner Reflexionen erwählt habe; und die durch den Herrn Generalsuperintendenten Heerder bereits entledigt ist.

Eine zwote Frage, deren Inhalt dieser ist:

Ists nüzlich, das Volk zu hintergehen: es sey nun daß man es in neue Irrthümmer leitet, oder daß man es in den alten erhält?

wurde ungefähr zu gleicher Zeit von der Klasse der speculativen Philosophie erhoben.

Sie sehen, daß wann man eine von der andern trennt — wie man sie trennen muß — so verliert die

die erstere sehr viel vom Vorwurf der Sottise, die man ihr aufzubürden sucht.

Wie sie der Laureat beantwortet hat, das bleibt für jeden Profan ein Geheimniß. Genug, daß wir wissen, daß die Signatur, welche er erwählte, diese ist: In magnis voluisse sat est.

Wie es aber möglich war, daß sich unter den für die zwote Frage eingesendeten Denkschriften, mehr als die Helfte — das ist 54 — bejahende Stimmen finden: das verdient Erstaunen.

Die Akademie sah sich in den ausserordentlichen Fall, in die Verlegenheit, gesezt, zwischen beyden Stimmen, dem Ja und dem Nein, das Loos entscheiden zu lassen.

Izt, werthester Herr, nur noch eine einige Anmerkung. Sollte nicht dieser Ausschlag — wie man spricht eo ipso — ein Beweis seyn, daß die Akademie zum Zweifel über diesen Punkt berechtigt war?

Ich bin nicht berufen, der Advokat der Akademie in Berlin zu werden. Die Ehrerbietung für ihre Höflichkeit beruft mich vielmehr, zu endigen und mich hochachtungsvoll zu erklären, für

Ihren aufmerksamen Verehrer
und Diener.

Wekhrlin.

Sartine.
Eine politische Anecdote zur heutigen Staatsgeschichte.

—— —— Dergleichen Anecdoten sind sehr nützlich, um den Karakter der Regierungen zu beurtheilen. Einer der merkwürdigsten Abschnitte in der Staatengeschichte ist der Ministerwechsel.

Chronologen V Band. S. 274.

Der Herr von Sartine war Oberaufseher der Polizey zu Paris, als der Herr von Boynes das Departement des Seewesens verlor. Unter den vielen Kompetenten, die sich um diese interessante Bedienung bewarben, zog Ludwig XV den Herrn von Sartine vor.

Als Minister des Polizeywesens hatte er sich ein grosses Vorurtheil von seiner Fähigkeit erworben. Man pflegte zu sagen, daß die Polizey zu Paris seit der Epoche des berühmten Argenson niemals in bessern Händen gewesen wäre; oder vielmehr, daß

Frankreich nur zween Polizeyminister zu zählen hätte, die ihr Amt merkwürdig machten, den Herrn von Argenson und Herrn von Sartine.

Folgende Anecdote trug bey, seinen Nahmen bey Hof bekannt zu machen.

Wie der Duc de Choiseul sein Minister' antrat, und, um sich in den demselben unterworfenen Departements zu orientiren, sich von einer Kanzley in die andere begab: so kam er zuletzt in die Post zu Paris. *)

Der

---

*) So wie sich die Regierung des Staats verkehrt hat, daß sie bis auf die Maaßregel herabgesunken ist, die Delation, den Inquisitionsprozeß, die politischen Foltergattungen, zu wahren Ressorts der Polizey zu machen: so hat man sich nicht entblödet, das Mittel vermöge Eröfnung der Briefe in die Geheimnisse der Unterthanen zu dringen, und gleichsam, wider ihren Willen, in ihrem Busen zu lesen, heilsam zu finden. Man hat es mit desto mehr Eifer in Gang gebracht, je leichter und wohlfeiler es schien, um einen Bürger zu überraschen. Diß ist die Ursach, warum man in unsern Tagen das Departement der Polizey mit jenem von der Post combinirt hat. Unter dem Vorwand, Ew. Majestät Sorgfalt für die Sicherheit des Staats zu erleichtern, erlaubt man sich die gehässigsten und niederträchtigsten Manouvres. Eine Menge in der

fatale=

Der Beamte der ihn begleitete, war Herr von Janel, Oberpostverwalter. Nachdem er dem Minister durch alle Komptoirs geführt und ihm die Manipulation derselben gewiesen hatte: so blieb er vor dem Zimmer, welches Secret de la poste (Geheimkanzley) benennt ist, stehen.

Der Herzog befahl, die Thüre zu öfnen. „Monseigneur „versezte der Herr von Janel" diß dörfte ich nicht thun, ohne Vorwissen des Herrn von Sartine. In diesem Augenblick kam Herr von Sartine selbst dazu. „Wie? „rief ihm der Herzog von Choiseul

fatalen Kunst Briefe zu eröfnen, Siegel abzunehmen und nachzumachen, falsche Hände zu schreiben, geübte Menschen überschwemmen das Postamt, dieses Sanktuar des öffentlichen Vertrauens.

Diskours des Prinzen Conty an den König beym Lit de Justice, 12 März 1776.

Louis XVI à son avénement au trône eut horreur de cette politique infernale. Son ame neuve et dans toute sa pureté ne put se persuader que pour bien gouverner il fallut avoir recours à des si infâmes moyens, et son prémier voeu fut pour abolir ce tribunal secret.

L'Observateur Anglois
Tom. III.

seul entgegen." Man untersteht sich, dem Minister hier den Eintritt zu verweigern? „Vergeben sie mein Herr" erwiderte der Herr von Sartine, indem er sich dreust vor die Thüre stellte. „Hierein werden Ew. Exzellenz nicht kommen, wann sie uns nicht eine eigene Ordre vom König bringen: und zwar nicht nur schriftlich: sondern aus Seiner Majestät eigenem Munde muß ichs haben.

Die Entschlossenheit des Herrn von Sartine fiel dem Premierminister so auf, daß er in der lebhaftesten Entrüstung nach seinem Wagen rief, und stehenden Fußes nach Versailles fuhr. Er beschwehrte sich beym König über die Unehrerbietigkeit die man ihm erwiesen hätte. Der Herr von Sartine machte seine Gegenvorstellung, und Seine Majestät bestätigte das Betragen des leztern.

Daß Talente in der Polizeykunst einigen Zusammhang mit den Einsichten ins Seewesen haben könnten, das wollte man anfänglich nicht glauben. Die Polizey, welche ein geheimer Krieg ist und durch ganz andere Triebfedern geführt wird, schien von der Theorie des ordentlichen Kriegs völlig verschieden zu seyn.

Ein Vorurtheil, das die unberühmte Verwaltung des Herrn von R *** der, so wie der Herr von Sartine, das Segel der Polizey mit dem Ruder des Seewesens vertauscht hatte, zu rechtfertigen schien.

Unterdessen widerlegte der Herr von Sartine diese Meinung, durch das schnelle Leben, welches er in die französische Marine goß, und durch die glänzende Stufe, worauf er die Flotte in unsern Tagen erhoben hat.

Es scheint der Genius des Herrn von Sartine wollte ein sichtbares Beyspiel von der Herrschaft dieses geheimen Wesen zeigen. Das Polizengeschäft war dem Herrn von Sartine schon geraumer Zeit zum Eckel worden.

Hier ist das Bild, welches man von der Polizey zu Paris gegeben hat.

„Die Einrichtung dieser politischen Maschine zu Paris verdient Bewunderung. Und das Seltsamste hiebey ist, daß ihre schöne Harmonie geradezu aus der Sammlung der allerniederträchtigsten und verworfensten Canaille, aus dem verdorbensten Theil der Bürgere zusammgesezt ist."

„Dem berühmten Argenson hielt man einst dieses vor. „Gebet mir „versezte er„ ehrliche Leute, die sich zu diesem Metier brauchen lassen: so will ich die Schurken zum Teufel schicken."

„Dieses Verhältniß ist bis auf den Grad gestiegen, daß man keinen Fleck mehr in Paris zu wählen weis, um vor der Spionerie sicher zu seyn. Nicht nur alle öffentlichen Oerter, sondern sogar die innersten Gesellschaftszirkel sind hievon angepestet. Je weniger man ihnen ausweichen kan, und je mehr man seinen Verdacht vor ihnen verbergen muß, desto gefährlicher sind vornehmlich die leztern."

„Bald ists euer Arzt, bald euer Gewissensrath, bald euer Advokat, bald eure Maitresse, bald ein Ludwigskreuz, von dem ihr verrathen seyd. Selbst im Innersten eures Hauses seyd ihr nicht sicher: euer Bedienter stehet heimlich bey der Polizey im Sold."

„Unter infamen Menschengattung nun, von Anbringern, von Auffängern, von Bütteln, von Mouches, von allen feilen und ehrlosen Seelen in allen Gattungen, umrungen stehet der königliche Minister in der Mitte."

Unstrei=

Unstreitig muste der Blick auf ein solches Bild einem Geist von so delikaten und hohen Sentiments, wie des Herrn von Sartine seinem, unannehmlich fallen.

So viel Ehre er dem Minister der Polizey durch seine Einsichten erwarb: so ergrif der Herr von Sartine die ihm eröfnete Bedienung beym Seewesen mit Lebhaftigkeit. Und kaum hatte er sie in Händen: so sah man, daß hier sein wahrer Plaz war.

Um sich in seinem Posten zu erhalten, und hierdurch im Stand zu seyn, die Absichten zum Dienst des Königs auszuführen, glaubte er innzwischen, daß er den von seinem Vorgänger eingeführten Systém folgen, und dem Degen, welcher bereits die Präponderanz erhalten hatte, nachgeben müsse.

Der Mißbrauch, welchen das Corps des Degen hieraus gezogen, indem es den Minister nöthigte, zum Nachtheil des gemeinen Besten gewisse Unordnungen herrschen zu lassen, soll nun, wie man spricht, die wahre Ursache seyn, warum Ludwig XVI sich bewogen gefunden habe, dem Herrn von Sartine das Portefeuille abzunehmen.

C. H. v. A.

* * *

Da dieser Aufsaz nicht von unserm Stuhl ist, und uns folglich nicht erlaubt war, das was wir hinzudenken, oberhalb anzubringen: so behalten wir unserer Anmerkung gegenwärtige Zeile vor. Sie ist diese: wann man auf der einen Seite die ruhmvolle Verwaltung des Herrn von Sartine mit den gnädigen Umständen seiner Entlassung vergleicht; auf der andern Seite aber erwägt, daß zu seinem Nachfolger ein Soldat erwählt wurde: so erhält das Ende dieser Anecdote sehr viel Schein der Wahrheit.

Die Chronologen.

Ueber den Akt der gefürsteten Abbtissin zu Lindau.

(Oefentl. Zeitl.)

Beneidet müste jedes Journal seyn, welches den Zufall zu Lindau vorzüglicher aufheben sollte, als die Chronologen. Eine Thatsache, die so anziehend, für unsere Zeiten so ehrvoll, an Betrachtungen so reichhaltig ist, gehört ihnen nach dem Rechte des Pflichttheils.

Wird gegenwärtiger Diskurs in der Sammlung der Chronologen nicht der beste seyn: so wird er immer derjenige seyn, auf dessen Stof ihr Verfasser am meisten stolz ist.

Wann die Klagen unseres Jahrhundert über die Eingrife der Kirche in die öffentliche Verwaltung meistens gegründet sind; wann die Immunitäten, welche sich die Klerisey zum Nachtheil des Throns zuzueignen wuste, gröstentheils mit Recht angefochten werden: so waren sie es nicht ohne Unterschied.

Das

Das Recht, welches sich die Religion an einigen Orten vorbehielt, arme Sünder vom Tod zu befreyen, gehört unter die schönsten Immunitäten der Menschlichkeit. Man muß gestehen, wenn man die Sachen mit kaltem Aug betrachten will, daß sie, über deren Strenge wir in so viel Fällen seufzen, die Kirche, in jenem Punkt, welcher die äusserste und wichtigste unter allen Angelegenheiten des Menschen betrift, das Recht über Leben und Tod, gleichwohl die meiste Gelindigkeit bewiesen hat. *)

Dieses menschenfreundliche Recht ists, welches kürzlich dem Publikum eine rührende Scene zu Lindau gab.

Johann Stauder, ein Jüngling, aus der Herrschaft Zeil gebürtig, war durch die Gesezze, wegen verübter Dieberey, zum Schwerd verdammt. Als er am 27 October, dem zu seiner Hinrichtung bestimmten Tag, auf der Richtstatt anlangte: so sah man

---

*) Der Canon weißt aus, daß wann vor allen europäischen weltlichen Richterstühlen der Mord, der Raub, die Bestialität, die Blasphemie selbst, mit Blut ausgesöhnt wurde: so konute man vor dem Richterstuhl der Kirche noch mit einer Geldbusse —— und öfters blos mit einer aufrichtigen Beicht —— durchkommen.

man die regierende Fürst-Abbtissin zu Lindau, mit allen ihren Stiftsdamen, Kavaliers und Beamten in Zeremonie zugegen, um ein Vorrecht auszuüben, welches die Abbtissin des Stifts Lindau, vermög einer uralten Herkommniß hat, während ihrer Regierung Einen Delinquenten von der Todesstrafe zu befreyen.

Ein Recht, welches schon seit 1694 nicht mehr in Ausübung gebracht war, das aber die heutige Fürst-Abbtissin, Maria Josepha, Reichsfreyin von Ulm-Langrein, feyrlich erneurte.

Sie schnitt mit einem silbernen Messer, welches ihr von ihrem Stiftsverwalter auf einer silbernen Platte überreicht wurd, den Strick woran der Henker den Missethäter führte, entzwey, und gab den Jüngling im Angesicht des Publikum seinem Vater zurück.

Diejenigen, welche in den neuern Zeiten auf die Abschaffung der geistlichen Immunitäten so sehr gedrungen haben: die Polizeygelehrten nach der Mode, die gegen das Asyl der Klöster, gegen die Jurisdiktion des Altars, so schön deklamirt haben; mit welcher Befugniß werden sie sich wider den gegenwärtigen Gebrauch erheben wollen?

Weil

Das Recht, welches sich die Religion an einigen Orten vorbehielt, arme Sünder vom Tod zu befreyen, gehört unter die schönsten Immunitäten der Menschlichkeit. Man muß gestehen, wenn man die Sachen mit kaltem Aug betrachten will, daß sie, über deren Strenge wir in so viel Fällen seufzen, die Kirche, in jenem Punkt, welcher die äusserste und wichtigste unter allen Angelegenheiten des Menschen betrift, das Recht über Leben und Tod, gleichwohl die meiste Gelindigkeit bewiesen hat. *)

Dieses menschenfreundliche Recht ists, welches kürzlich dem Publikum eine rührende Scene zu Lindau gab.

Johann Stauder, ein Jüngling, aus der Herrschaft Zeil gebürtig, war durch die Gesezze, wegen verübter Dieberey, zum Schwerd verdammt. Als er am 27 October, dem zu seiner Hinrichtung bestimmten Tag, auf der Richtstatt anlangte: so sah man

*) Der Canon weißt aus, daß wann vor allen europäischen weltlichen Richterstühlen der Mord, der Raub, die Bestialität, die Blasphemie selbst, mit Blut ausgesöhnt wurde: so konnte man vor dem Richterstuhl der Kirche noch mit einer Geldbusse —— und öfters blos mit einer aufrichtigen Beicht —— durchkommen.

man die regierende Fürst=Abbtissin zu Lindau, mit allen ihren Stiftsdamen, Kavaliers und Beamten in Zeremonie zugegen, um ein Vorrecht auszuüben, welches die Abbtissin des Stifts Lindau, vermög einer uralten Herkommniß hat, während ihrer Regierung Einen Delinquenten von der Todesstrafe zu befreyen.

Ein Recht, welches schon seit 1694 nicht mehr in Ausübung gebracht war, das aber die heutige Fürst=Abbtissin, Maria Josepha, Reichsfreyin von Ulm=Langrein, feyrlich erneurte.

Sie schnitt mit einem silbernen Messer, welches ihr von ihrem Stiftsverwalter auf einer silbernen Platte überreicht wurd, den Strick woran der Henker den Missethäter führte, entzwey, und gab den Jüngling im Angesicht des Publikum seinem Vater zurück.

Diejenigen, welche in den neuern Zeiten auf die Abschaffung der geistlichen Immunitäten so sehr gedrungen haben: die Polizeygelehrten nach der Mode, die gegen das Asyl der Klöster, gegen die Jurisdiktion des Altars, so schön deklamirt haben; mit welcher Befugniß werden sie sich wider den gegenwärtigen Gebrauch erheben wollen?

Weil

Weit entfernt, daß diese Handlung den Lauf der öffentlichen Gerechtigkeit beeinträchtigen sollte: so bestättigt sie vielmehr die unverjährten Rechte der Menschheit.

Sie ist ein Denkmal der Wohlthätigkeit der Religion: dann sie will uns, vermög eines sinnlichen Beyspiels belehren, daß die Justiz der Götter von der Justiz des Menschen völlig verschieden sey. Sie legt dem Publikum gleichsam den Ausspruch der Schrift öffentlich ans Herz: Ich habe keinen Gefallen am Tode des Sünders: sondern, daß er lebe und sich bekehre!

Wann es, zu Behauptung des Ansehns der Gesezze, nöthig zu seyn scheint, öftere Beyspiele der obrigkeitlichen Gewalt darzustellen: ists, zum Besten der Sitten, nicht eben so zuträglich, zuweilen Beyspiele der Gelindigkeit und der Menschlichkeit zu zeigen.

Es ist ein Problem, welches die Nachwelt des achtzehnten Jahrhunderts auflösen wird, ob das Mitleid nicht stärker und sicherer aufs natürliche Gemüth wirken könne, als die Strafen.

Die Besserung des Böswichts bleibt noch immer zweifelhaft, sprecht ihr — und wie ist alsdenn dem grossen Grundsaz genug gethan, der öffentlichen Sicherheit? Steigt ab von eurem Steckenpferd. Nicht die Besserung ist der Zweck dieses ehrwürdigen Herkommens; sondern, um ein fühlbares Beyspiel von der göttlichen Barmherzigkeit auf der Erde zu geben, und das Vertrauen der Menschheit zur Religion zu erheben, diß ist sein geheiligter Ursprung.

Die Falten des Herzens sind noch nicht ganz erforscht. Was wir von seiner moralischen Anatomie wissen, ist sehr wenig. Alle Anzeichen aber überzeugen uns, daß es nicht so bös ist, wie man glaubt.

Diese Entdeckung kan unser neues Erziehungsschem' weiter treiben. Man hat dem Menschen nie seine natürliche Freiheit gelassen. Man hat ihn nie in die Umstände gesezt, seinen angebohrnen Instinkt zu unterscheiden, und seine eigenen Kräfte auf die Probe zu sezen. Wie durfte man also behaupten, ihn zu kennen?

Unter Tirannenregiment — und war diß nicht der Typ der vorigen Zeiten? — kan keine Privattugend sich offenbaren. Selbst die öffentliche Tugend kan

kan nur einen mittelmäsigen Grad erreichen. Die Grausamkeit, welche der unterscheidende Kennzug unserer Gesezze ist, dient vielmehr den natürlichen Instinkt zu verderben, als ihn zu entwickeln. Sie macht den Menschen unbesonnen, roh und wild.

Je mehr die Empfindungen, die uns mit dem politischen Körper vereinigen, stumpf werden: je schärfer werden diejenigen, welche uns an fremde Gegenstände heften. So hingegen, wie die Seele in dem Maaße, nach dem die Strafgesezze sich schärfen, sich verhärtet — weil zufolg einer geometrischen Regel im Bau derselben die Leidenschaften sich immer mit der Zwangsmacht ins Gleichgewicht zu sezen suchen — so erweicht sie wieder bey einer gemäsigten Spannung.

Lasset also dem Stift zu Lindau dieses gottselige Recht. Bestättigt es ihm. Ahmt es an mehrern Orten nach. Es ist euer Triumpf, Sterbliche!

Sieg der Menschlichkeit müsse die Devise unseres Jahrhunderts seyn!!

Welch ein Unterschied im Bilde zwischen der Handlung eines Calchas und der gottgeweihten Vorsteherin des Stifts Lindau! die leztere scheint das menschliche

liche Geschlecht wegen der Beleidigungen die ihm das Pfaffenthum zugefügt hat, wieder aussöhnen zu wollen.

Nicht Eingrif in die Rechte des Staats ists, Knechte der Schikane! wann eine Priesterin der Gottheit einen zum Tode Verurtheilten befreyet: sondern ein heiliger Retribut für jene Opfer, welche ihr die Menschheit aus einem falschen Glaubenseifer gebracht hat.

Von einem lustigen Richter und einem armen Autor.

Auch eine Erzählung.

Man fühlt, daß gegenwärtige zwey Stücke — dieses und das folgende — aus bloßer Nachsicht in die Chronologen zugelassen sind. Eine Privatverbindung dringt sie dem Herausgeber auf. Anonyme Anecdoten sind erstlich das Fait der Chronologen nicht. Hernach gehören die gegenwärtigen auch nicht in ihren Ton. Eine conventionelle Gefälligkeit muß zu keinem nachtheiligen Beyspiel für sie werden.

Zu *** regiert ein Amtsbürgermeister, welcher die Kapriz hat, seinen Dienst durchaus ohnentgeltlich verwalten zu wollen. Ihm, auf welche

Art es wolle, ein Geschenk anbieten, das wäre, sich den unversöhnlichsten Feind erwerben.

Diß erfuhr Herr Scribax, ein honetter Bürger zu * * * welcher sich und die Seinigen bisher mit Abschreiben und Supplikenmachen ernährte. Eine Kanzelistenstelle auf dem Rathhaus wurde erledigt. Herr Scribax meldete sich darum gebührlich beim regierenden Bürgermeister. Um seiner Supplik den lezten Strich zu geben, kaufte er eine schöne Schöpsenkeule. Diese verlohr er auf eine listige Art in des gestrengen Herrn Kuchel.

Kaum erfuhr diß der Bürgermeister: so stieg ihm der Senf bis ins innerste Gehirnmark. Stehenden Fußes ließ er Scribaxen ins Loch werfen. Seine Köchin muste die Schöpsenkeule zurichten, spicken und braten. Hierauf schickte er sie dem Gefängnißwärter mit dem Befehl, dem Arrestanten Nichts zuzulassen und ihn des Gefängnisses nicht zu entledigen, bis er die Schöpsenkeule aufgezöhrt hätte.

* * *

Fällt ins Possirliche. Gehört in lust'gen Baur'n Kalender. — Ich dächte: nicht doch. Die Geschichte ist wahr. Sollte es nun nicht eben so denkwürdig seyn, daß ein Bürgermeister zu * * * eine Schöpsenkeule ausschlägt, wie wann sich ein Bürgermeister zu Athen weigert, an der Tafel Harpals zu speisen? — Das Leben Phocions.

Zusaz vom Herausgeber.

Ein Anderes.
Von einem armen Richter und zween lustigen Autoren.
Zum Gegenstück.

Cesena ist ein kleines Städtchen im Erbgut Petri. Es hat, so wie alle wälschen Städte, ein Theater. Der berühmte Bajazzo führte vor zwey Jahren seine Truppen dahin. Er hatte bey den Zwischenspielen zwo ziemlich gute Singerinin.

Bey einer von den lezten Vorstellungen wurde ein Herr zu Cesena vom Merite der zwo Actrizen so gerührt, daß er ihnen nach geendigtem Schauspiel einen gebratenen Kapaun zum Regal schickte.

Ueber der Theilung dieses Geschenks nun entstund ein lebhafter Streit. Die erstere Actrize prädentirte die zween Flügel, eine Keule und die zwo Flanken für sich, weil sie Prima Donna wäre. Die zwote schrie hierüber wie eine Besessene. —— Managgio del' anima del Capone, e che chosa mangierò io? Un C....

Die Theilung Pohlens erregte bey weitem keinen solchen Lärm. Von Worten kams zu Schmissen. Ueber dem Geräusche lief ein Akteur, der in eben demselben Quartier wohnte, herzu, und brachte die zwo Heldinin auseinander.

Man beschloß, die Sache vor dem Auditore zu bringen, und gerichtlich entscheiden zu lassen, wie der Kapaun getheilt werden soll. Da dieser das Corpus delicti war: so holte ihn ein Gerichtsdiener aus dem Quartier der Actrizen, und deponirte ihn in der Amtsstube.

Hierauf schritt der Auditore zur Information. Er vernahm jede Parthey. Alsdenn protokollirte er die Beschwerden.

Die erste Donna behauptete, daß ihr die zween Flügel, eine Keule nebst den Flanken vom Kapaun zukämen, weil die Arie, welche das Publikum eigentlich scharmirte, in ihrer Parthie enthalten wäre. Und ich, sagte die andere Donna, prätendire den ganzen Kapaun, weil ich eine Napolitanerin bin, und weil es mein Menuet vom Saffone ist, welches den Signor Spenditore bezaubert.

Der Richter war lang in Verlegenheit. Niemals war ihm ein so verwickelter Fall vorgekommen.
Nach

Nach tiefer Ueberlegung entschied er, daß der Kapaun vom Gerichtsschreiber in zwo Helften zerlegt, und alsdenn von den beyden Klägerinin darum geloofet werden sollte.

Allein das Urtheil kam zu spat. Der Auditore hatte zween Knaben: zween der muthwilligsten Schälke von der Welt. Sie hatten den Kapaun welcher, ohne gehütet zu werden, auf einem Tisch in der Kanzley stund, ausgewittert. Sogleich waren sie mit ihren Stileten darüber her, und er war schon bis zur Helfte verschwunden, als das Endurtheil in der Kanzley ankam.

Nun war der Fall nicht mehr da, den Kapaun legaliter zu zerlegen. Der Auditore offerirte also, den Ueberrest für seine Sporteln anzunehmen.

Stumme Satiren.

Gestern gieng ein Savoiard durch unser Dorf, welcher Kupferstiche feil trug. Er bot mir zwey Blätter an, die seiner Behauptung nach, sehr rar und interessant wären.

Es sind Stücke in jener Gattung allegorischer Bilder, welche man stumme Satiren nennt, und wovon bey jeder kritischen Epoche im Jahrhundert, z.B. bey Kriegen, Allianzen, Ministerabsezzungen ꝛc. welche ans Licht zu kommen pflegen.

Die gegenwärtigen scheinen eben nicht von der feinsten Erfindung zu seyn. Ich will versuchen, ob ich sie zu deschiffriren im Stand bin.

 Dedié aux Généraux
  de l'Armée de la Grande Bretagne.

Diß ist die Etikett des ersten Blatts.

 dessiné d'après Nature
  par Corbut à Boston.

Der Würgengel Frankreichs — Eine in der Luft schwebende Medusengestalt, ein flammendes Schwerd in der rechten Faust, und in der linken einen Schild, worauf drey Lilien, schwingend — jagt einen Haufen Soldaten in englischer Uniform. Diese stürzen übereinander, und suchen eine zerfezte Fahne, worauf das Großbrittanische Wappen, mit allen Ausdrücken der Verzweiflung zu retten.

Anmerkung. Daß der Ange Exterminateur am rechten Bein hinkt, ein übles Anzeichen!

Im Perspectiv ein Reigen von amerikanischen Landsknechten und Dorfnymphen. In der Mitte des Reigens stehet eine Stange und eine Fahne aufgerichtet. Auf der Spize der Stange schwebt die Freiheitsmüze, unter solcher dreht sich ein Blumenkranz. In der Fahne ist das Wappen der dreyzehn Staaten.

Das zweite Blatt ist überschrieben:

La Grande Bretagne mutilée.

Die Erfindung ist äusserst arm und äusserst plat.

Ein verstümmelter Rumpf, von welchem beyde Aerme und beyde Füße abgehackt sind, liegt an den Rücken eines Felsen angeschmiedet.

Die vier abgetrennten Glieder liegen zerstreuet zu den Füßen des Felsen. Auf einem Bein stehet geschrieben: Boston. Auf dem zweiten Bein: Hallifax. Auf dem ersten Arm: Philadelphia. Auf dem zweiten: Neu-England.

Quer über die verstümmelten Schenkel des Bilds schwebt ein Band, worauf die Worte eingewebt: Date obolum Belisario.

Im Schatten der Hauptfigur stehet ein Mann, an eine Tonne, zu deren Füßen ein zerbrochener Anker liegt, gelehnt. Er wendet den Blick traurig vom Meer weg, und von den Aermen herab fließt ihm eine eiserne Kette bis an die Knöchel.

> Anmerkung. Daß der trostlose und gefangene Mann zufälligerweis just eine Quackergestalt ist, das scheint den Pfeil des Bilds sehr umzudrehen.

Das Perspectiv ist mit fünf in der See flottirenden Segeln ausgefüllt, auf deren Masten das Eintrachtsbündel aufgerichtet ist.

Ich

Ich zweifle nicht, daß diese Blätter in der offenen Welt längst bekannt sind, ehe sie in mein armes Dorf ankamen. Ich darf sogar, wann mich meine Einsicht in den französischen Grabstich nicht betrügt, vermuthen, daß die gegenwärtigen blosse Nachdrücke sind. Allein ich bediene mich der Gelegenheit sie anzuführen, als Beyträge, welche zur Reflexion Anlaß geben können, wie roh und wie einfach alle Erzeugnisse in Staaten die aus ihrem ersten Keim aufsprossen, und ihre Bildung noch erwarten, beschaffen sind.

Des Herrn Quintanus Rothauge zweiter Brief.

Paris.

Vive Paris! Seitdem ich die Opera zu Paris gesehen habe: so halte ich die deutschen Bühnen nicht mehr würdig, mein Urtheil von ihnen zu fällen. Es ist, als wenn man vom Tische unserer deutschen Rathsherren an die Tafel eines Fermier général kommt.

Wo ich anheben soll, um mich meines Auftrags zu entledigen, bey der Opera, oder bey der Komödie? Darüber bin ich verlegen. Erlauben sie, daß ich mich nach dem Ton des Tags richte. Seit der berühmten Epoche des Ritter Gluck unterhält man sich nicht soviel von der Komödie, als von der Opera.

Man liebt mehr, sich beym Atlethenkampf der Gluck und des Piccini zu interessiren, als an den Niaiserien zwischen einer Vestris und Sainval Theil

zu

zu nehmen. Gleichwol werde ich an ihrem Plaz der Komödie nicht vergessen.

Bevor ich sie ins Heiligthum Melpomene's führe: so muß ich sie beym Aeuffern des Tempels einige Augenblik aufhalten. Der neue Opernsaal, von dem man soviel geschrieben und soviel geplaudert hat, steht nunmehr zehn Jahre. Seine Einweihung geschah am 16 Jänner 1770 durch Rameau's Castor und Pollux.

Das Ganze ist vom Entwurf des Herrn Vaffee. Sein Karacter ist edle Würde. Hierinn scheint das Gebäude völlig dem Karacter der tragischen Muse zu entsprechen.

Durch die Lage des Plazes wird sein äufferlicher Eindruck einigermaßen geschwächt. Zwischen dem barbaresken Bau des Palais und einigen krüppelhaften Bürgerbaraken in der Mitte scheint die Opera zu ersticken. Diese gedrungene Stellung entzieht dem Haus einen grossen Theil seines Verdiensts. Sie beraubt es völlig des Ansehns, welches ein dem Publikum geweihtes, und seiner Natur nach einen freyen Plaz beherrschen sollendes Gebäude von Rechtswegen fodert.

Die

Die Facade, in ihrer Simmetrie, Verhältnissen und Verzierungen ist im hohen Grade vortreflich. Mit der Eintheilung der Zugänge, der Treppen und besonders mit dem Vestibul, sind hingegen die Pariser nicht zufrieden. C'est de la derniere mesquinerie sprechen die Schönheitsrichtere. Die erstern sind ihnen zu niedrig, sie sind erwürgt. Die zweiten sind nicht degagirt genug.

Der innere Raum erträgt 2500 Personen. Er bestehet in zwey Parterres, vier Gallerien, dem Theater und zween Foyers.

Am Saal selbst tadelt man den Abgang genugsamer Zugluft. Inzwischen hat die Galanterie der Franzosen immer irgend einen wizigen Einfall bey der Hand, einen Fehler zu entschuldigen. Mehr Oefnungen, sagen sie, die man dem Tag erlaubt hätte, in den Saal zu fallen, hätten Anlaß geben können, den Reichthum und den Pracht der Vergoldung zu entdecken, wodurch der Staat der Dames eclipsirt und ihre Empfindlichkeit beleidigt worden wäre.

Das worüber sich die Dames in der That beklagen, ist, daß die Anlage der Logen, welche eigentlich Balkons an den Gallerien formiren sie aus dem Gesichtskreise der Zuschauer zu weit entferne.

Unge-

Ungeachtet die Logen dem äusserlichen Anblick nach von der lezten Eleganz und Leichtigkeit angelegt sind, und gleichsam in der freyen Luft schweben: so ist ihre Struktur gleichwol bewundernswürdig fest und solid.

Das Sujet zu den Zeichnungen an der Decke ist sehr simpel und angemessen. Der Genius der Kunst beruft die Musen und Talente, um den Sieg Apoll's, der im grösten Glanze auf einem Triumpfwagen erscheint, zu feyern. Der Neid und die Dummheit machen eine Episode.

Diese Gruppe ist vom Pinsel des Herrn du Rameau. So schön aber der Gedanke ist: so übel ist er in der Ausführung ausgefallen. Die harten und gelbsüchtigen Farben, welche anstatt des lüftigen Azurs der zum Sujet zu gehören schien, genommen sind, beleidigen das Aug. Die Gestalten überhaupt, und vornehmlich die weiblichen, sind zu schwerfällig: ihre Umrisse zu derb. Im Zusammsaz fehlt jene Anordnung ganz, welche die Regel des Perspectivs verlangt.

Die Bühne hält 36 Fuß in der Breite, 32 Fuß in der Höhe, und eine verhältnißmäsige Tiefe. Diese Tiefe ist von solchem Umfang, daß sie öfters der Vorstellung selbst schädlich wird. In gewissen Scenen verschwinden die Schauspielere aus dem Sehkreis der Zuschauere. Die Dekorationen werden, weil sie sich zu sehr in die Ferne ziehen, kleinfügig: und nicht selten verlieren sich die Stimmen im Raume der Scene.

Die Vorscene wird durch vier korintische Säulen von einem feinen und reichen Geschmack gebildet. Der Plafond der Vorscene von der Erfindung des Herrn Vassee. Eine Gruppe Glorien unterstüzen eine Himmelskugel, die mit Lilien angesäet ist. Diesen Gedanken findet man sehr lourd: auch ist die Composition ohne Genie. Jene Ueberladung mit Gold, die sich an der Kette von Guirlanden, welche die Kinder halten, befindet, beleidigt den guten Geschmack.

Die Herren Machy, Guillet und le Leuze sinds, welche die Dekorationen der Bühne nach den Zeichnungen des Herrn Moreau ausgeführt haben.

Der

Der äussere Foyer, welcher der vornehmste ist, bestehet in einer 60 Fuß langen Gallerie. Er ist sehr magnifiq. Der Balcon, aus Bronz, von dem Meisel des Herrn Daumier, welcher die Aussicht auf die Strasse Saint Honoree hat, ist ein Meisterstück. Die drey Busten des Quinault, Lully und Rameau, aus Marmor, mit sehr viel Ausdruck und Wahrheit von Caffieri gearbeitet, dienen ihm zur wahren Zierde.

Der Foyer am Theater, oder der innere, ist nur klein und gänzlich ohne Verzierung. Der Baumeister rechnete darauf, welches auch ohnfehlbar war, daß ihn die Gesellschaft ausschmücken würde. Hier ist der grosse Rendevouz aller Sängerinin und Tänzerinin, und folglich aller Stuzer und der ganzen schönen Welt von Paris.

Dieser Foyer, welcher seiner Bestimmung nach zum Bureau der Schauspielere dienen soll, ist eigentlich die Boutike der Galanterie, der Jahrmarkt der Grazien. Hier bringt man den Töchtern der Venus ohne Aufsehn Weihrauch, und besucht ihre Altäre.

Der Baumeister beklagt sich, daß tausend beson̄dere Interessen, tausenderley Wohlstandsforderungen seinen Plan schenirt und ihn gezwungen hätten, die Regeln des Geschmacks und der Kunst öfters fremden Einflüssen aufzuopfern. *)

Künstlere des Jahrhunderts merkt euch ein Beyspiel ab. Sehet, wie man, troz aller Bestrebungen des Genie, die Ewigkeit verfehlen kan. Herr Vassee wird bey der von dem gegenwärtigen Convenienzen ununterrichteten Nachwelt, welche sein Werk blos nach ihrem natürlichen Gefühl beurtheilen wird, ein mittelmäsiger Kopf bleiben.

Die Unternehmung hatte einen Preiß zu einer Devise ins Frontispiz, die nur in zween französischen Versen bestehen sollte, ausgekündet. Aber troz einer Menge, die einkam, war keine einige darunter, die man würdig fand, aufzunehmen. Der Plaz zur Innschrift blieb also leer. **)

Und

---

*) Auf diese Rechnung schreibt er, zum Exempel, den Uebelstand, daß der Machinist unter dem freyen Auge des Parterre arbeitet, wodurch die Illusion verschändet wird.

*) Sollte diß nicht zur Vertheidigung des Werkmeisters ein beredtes Zeugniß seyn? Wann die ganze Nation unfä-

bis

Und so ist der Opernsaal beschaffen, in welchen ich sie nunmehr einführen will.

Welcher Anblick! Welch wollusttrunkenes, seelenbezauberndes Empfinden! Ein mit unendlichen Kerzen erleuchteter Saal, strahlend wie das Astre des Himmels. Eine Versammlung vom auserlesensten Theil des Menschengeschlechts. Alles athmet Pracht und Vergnügen. Eine Menge Schönheiten, die an Schimmer die Töchter des Paradieses übertreffen, und mit Brillianten überzogen sind.

Ists der Pallast Medee'ns? Ists das Festin der Götter? — Es ist Gluck's Armide.

Eine himmlische Simfonie erhebt sich und schmelzt die Seelen der Anwesenden. Der Vorhang fährt auf. Mamsell Virginie erscheint. Ein blühendes sanftes Mädchen, von der harmonischen Muse zur

big war, nur zween Verse zur Innschrift herfürzubringen: so ists ein Zeichen, daß die Kunst in Frankreich entweder überhaupt im Ruckfall seyn, oder aber daß sich ein feindseeliger Geist wider den Operabau verschwohren haben müsse.

Tochter gleichsam auserkohren. Sie debutirt heut. Ihre Gestalt und ihre Grazie ist ganz attisch. Jener runde und weiche Umriß, der ihre jugendliche Stimme zeichnet, ist über ihre ganze Person ausgebreitet.

Mit ihr tritt Mamsell le Vasseur *) auf. Sie ist von Gluck gebildet. Ihr Ton und ihr Spiel sind ganz im Styl Gluck's, das ist im Styl der Wahrheit, der Empfindung und des Verstands. Mamsell le Vasseur ist gegenwärtig das glänzendste Subjekt der Opera. Ihre Gestalt, die völlig reizlos ist, scheint ihrer Rolle nachtheilig zu seyn: aber die Reize ihrer Kehle stellen die Täuschung wieder her.

Mamsell la Guerre. Sie ist's, die im belagerten Cythera die Hauptrolle hat.**) Ihr Glück in der

---

*) Sie war bisher unter dem Nahmen Rosalie bey der Opera bekannt. Das Lustspiel, die Courtisannes, von Herrn Palissot, wo sich eine der Heldinin Rosalie nennt, bewog sie, ihren Theaternahmen abzulegen, und den Nahmen ihrer Familie wieder anzunehmen.

**) Ein heroischer Ballet mit Gesang von der Erfindung des Ritter Gluck.

der Galanterie hat ihren Nahmen berühmter gemacht, als ihre Verdienste aufm Theater. *)

Die zweiten Rollen sind der Madam Larrivee, der Madam Philidor, der Mamsell Beaumenil **)

Die berühmteste unter den Töchtern Thaliens ist Mamsell Arnoud. Ihre Stimme ist nicht glänzend. Aber ihr Spiel hat wahre Salbung. Was sie den Zuhörern an der Musik in ihren Parthien entzieht, das ersezt sie ihnen wieder durch die Handlung. Ihr Gesang sind heut zu Tag blos die nachklingenden Töne einer zersprungenen Saite. Man vergibt ihr diesen Zufall, weil man weiß, daß er ihr im Tempel zu Cypern begegnet ist.

Ihre Figur ist lang und ausgetrocknet. Ein weiter Mund der mit einer Reihe gelber und ungleicher Zähne besezt ist, eine schwarze und unangenehme

Haut

---

*) Man behauptet, daß sie dem Duc de B.** während der drey Monaten als er sie besuchte, 300,000 Livres gekostet hat.

**) Für die Rôles à baguette sind Mamsell Durauci und Mamsell Duplant.

Haut sind der Grazie sehr nachtheilig. Zwey schöne, grosse, schimmernde Augen hingegen, welche die Seele ihres Karacters sind, ersezen diesen Fehler. Diese Augen, die zu allen Nuanzen fähig sind, und alle Parthien ihres Spiels beherrschen, machen das Merite der Mamsell Arnoud.

Auch in ihrem Spiel schimmert ihr angebohrner Wiz hindurch. Mit eben demselben schneidenden und schalkhaften Ausdruck, welcher sie in der Gesellschaft berühmt macht, spricht sie durch eine Bewegung, durch einen Trait der Hand.

Die Lebhaftigkeit ihrer Einfälle erhält sie unter allen ihren Gespielinin gefürchtet, und giebt ihr eine Art von Superiotät unter dem lyrischen Volk. *)

Da

*) Kürzlich hat sie sich verheyrathet. Derjenige, den sie wählte, ist einer von den Schülern Vitruvs. Als ihr ihre Gespielinin bey einer Repetition auf dem Theater vorwarfen, daß sie, die so unzählige grosse Herren in ihren Armen gehabt hätte, sich nunmehr bis zu einem blossen Architekt herablassen mögen: so rief Mamsell Arnoud mit Bewegung aus. Was soll ich thun!
Die

Da sich das schöne Geschlecht in Frankreich weit häufiger der Bühne widmet, als das männliche: so kan die Kronik vom leztern nicht eben so viel anführen.

Le Gros, der seit dem Abgang des Herrn Sëpiote, die ersten Helden hat, ist ein Elev des Ritter Gluck. Sein Organ ist eines der vollkommensten von der Welt. Im Ausdruck der grossen, der aufbraussenden Leidenschaften ist sein Spiel übertreffend. Aber er hat noch nicht die Beugsamkeit der Kehle, jene abgeschliffene Tonleiter, weswegen man seinen Vorgänger vergötterte.

Herrn Larrivee's Karakter ist eine eble Figur; eine interessante und umfängliche Stimme; ein leichtes, deutliches und geistvolles Spiel. Diese Eigenschaften machen, daß durch seine ganze Parthie hindurch Wohlklang und Empfindsamkeit webet.

Die ganze Welt bemühet sich, meinen ehrlichen Nahmen zu zerstöhren: es ist billig, daß ich Einen nehme, der sich aufs Aufbauen verstehet.

Ich will ihnen nichts von den Espaliers *) sagen. Sie sind alles Lobs unempfänglich. Da die französische Jugend das Theater mehr für eine Wettbahne des Vergnügens und der Wollust betrachtet, als für eine Schule des Verdiensts; da isolirte, unversorgte Mädchens die Bühne in keiner andern Absicht erwählen, als um ihre Reize zu Markt zu tragen, in glänzenden Umständen zu leben, unter dem Schuz des Staats zu buhlen, und am Ende zur Zeit der Invalidschaft eine Pension zu gewinnen: so ists natürlich, daß sie sich mehr auf die Künste der Buhlerey, auf die äussern Talente der Illusion, des Puzes, der Verführung legen, als aufs innere Verdienst.

Ausserdem verjagt die Kabale, jene unversöhnliche Plagefurie des Verdiensts, welche hier so, wie bey allen möglichen Schauspielergesellschaften der Erde, in der Mitte des Theaters thront, die guten Subjekte von beyderley Geschlecht aus Paris in die Provinzen, welche solche gierig an sich ziehen, um ihre Bühnen zu heben.

Warum

---

*) Espaliers. So nennt man die Singerinin und Tänzerinin für die Chöre.

Warum, wohlgebohrner Herr, warum muß eine der holdesten Stiftungen zum Vergnügen der Menschheit mit soviel Verderbniß durchwebt seyn? Warum muß der ruhmvolleste unter den Tempeln der Musen und der Talente zum Siz der Unordnung, der Kabale, der Luxure, der Debauche dienen?

So ist der Wille des Schicksals, die Menschen sollen hier auf diesem Erdenwandel kein Glück unvermischt geniessen. Das Buch der ärgerlichen Anecdoten von dem Lebenslauf einer Arnoud, einer la Guerre, einer Miree *) und des ganzen Chors der Opera ist weit dicker, als das Buch der Geschichte ihrer Verdienste.

Nichts-

---

*) Mamsell Miree ist ein Zögling aus der berüchtigten Nimpfenschule des Audinot (von welcher im dritten Brief des Herrn Quintanus Rothauge eine Skizze enthalten). Einem ihrer Liebhaber, der aus Uebertrieb, sich ihrer würdig zu machen, an einer Erschöpfung starb, sezte man folgende Zeile in Noten auf seinen Grabstein: La, mi, re. La, mi, la.

Nichtsdestoweniger ist die Opera zu Paris der prächtigste Coup d'oeil, den der menschliche Sinn erdenken kan, und den die Erde vielleicht, seitdem sie stehet, herfürgebracht hat.

(Im dritten Brief des Herrn Quintanus Rothauge folgt die Beschreibung des Ballets bey der Opera zu Paris, und die Beschreibung der französischen Komödie).

Problem
Aus dem Fache der Staats-Philosophie.
Mit einer Antwort.

Wie? Wann man der Geschichte der Völker nachsinnet — eine Unterhaltung, die nur zur Müsse eines Denkers gehört — wann man sich zum Exempel diese oder jene Nation zum Gesichtspunct nimmt, die sich mit allen Kräften aus der Barbarey heraus reißt, und mit Riesentritt zur Vollkommenheit emporstrebt; eine Nation, wo Alles denken will, wo in Jedens Brust der Patrioteneifer hell glühet, wo alle Herzen davon entzündet, alle Zungen davon angeflammt werden: wo man die Vorurtheile ohne Erbarmen, und ohne Rußicht, verfolgt: wo die Vernunft und Menschlichkeit ihre verlohrnen Rechte kühn ergreifen: wo Jedermann seine Menschwürde fühlt, und der Geist Aller beschäftigt ist, nichts zu denken, als was nüzlich, groß und edel ist: wo sich die Stimme gegen die Tiraney und den Aberglauben laut erhebt, und bis an Thron dringt: eine Nation, wo das allgemeine Wohl alle Herzen erwärmt hat, wo der Mund mit einer edlen und freyen Beredsamkeit für das Beste des Staats spricht: wo der Laut der Freiheit und des Vaterlandseifers von einem Ende des Reichs zum andern ertönet: wo ein Jeder bereit ist, die Wahrheit mit Verachtung Glücks und Ruhe aus der wallenden Brust weg zu sagen — kurz, eine Nation, wo sich die Vernunft mit der Natur vereinigt, das Volk auf die möglichste Stufe seiner Glückseligkeit zu erheben — wie zum Beyspiel die französische ist:

Und wann man diese Nation gleichwol unter dem Joch widersprechender und öfters schädlicher Verordnungen, unter dem Druck einer übelharmonirenden Regierung; wann man sie, bey ungefähr 20,000 geschriebenen Büchern über die Angelegenheiten des Staats, in Agonie schmachten, wann man das Monstre des Aberglaubens, die Furie der Justiz, die Hyäne der Finanz obherrschen; mit Einem Wort wann man sie ihre Kräfte vergebens gegen ihren Rückfall erschöpfen siehet:

Wie muß man diesen Zweifel erklären?

Durch den allgemeinen grossen Grundsaz der Natur, vermög dessen die Ananas und die Cocos ausserhalb ihrer eigenen Erde nicht gerathen, und jene, die man in Treibhäusern erzeuget, wenigstens ausgeartet und krüppelhaft bleiben.

Corol-

Corollarium.

Der Duc de Choiseul (nicht der Kardinal Fleury, wie man mit Irrthum anführt) unterhielt sich einst mit einigen schönen Geistern seines Hofs. Die Materie fiel auf die Staatskunst, und der Herzog that einen sehr satirischen Ausfall auf die gegenwärtige Lage der Regierung. — Eure Hoheit thun wohl daran „unterbrach ihn einer der Schöngeister„ daß sie erster Minister sind. Ihre Einsicht und ihre Freymüthigkeit würden sonst zwey Talente seyn, sie in die Bastille zu führen. Allein, da sie die Mißbräuche der Regierung so gut einsehen und zu entwickeln wissen, warum verbessern sie solche nicht? „

„Merken sie sich, mein Lieber„ versezte der Herzog von Choiseul„ daß es eine wichtige Maxime ist, daß man niemals den ganzen Kredit benuzen muß, den man hat. Die Regierung würde sich verächtlich machen, sie würde ihre Kräfte vergeben, und dem Einbruche die Schranken eröfnen; wann sie die ganze Summe ihrer Macht entdecken, und ins Spiel bringen wollte. Die Verbergung ihrer Ressorts muß der Zügellosigkeit das Gleichgewicht und die Ausschweifung in Schranken halten. „

„Was mich betrift: so würde ich bey weitem nicht so alt seyn, als ich bin, wann ich mir jemals hätte

einfallen laſſen, an die Verbeſſerung, die ſie vor‑
ſchlagen, die Hand zu legen. Es giebt Arten von
Mörtel, die man nicht mit der Kelle aufführen muß.
Einen verdorbenen Schlamm rütteln iſt eben ſo viel
als die Luft, die uns anathmet, vergiften„.

„So leicht es iſt, individuelle Fehler an einer Pri‑
vatperſon abzuſchaffen: ſo ſchwürig iſts, allgemeine,
verjährte, angebohrne Laſter bey einer Nation aufzu‑
heben. Der Pöbel bleibt ewig ein widerſtrebendes,
unbändiges, und zu aller Verfeinerung unfähiges
Thier. Dieſe ſeine Natur umändern wollen, wäre
eine Unternehmung, die Schöpferskräfte erfodert,
und die über die Fähigkeit eines Sterblichen gehet„

„Der ohnaufhörliche Choc der menſchlichen Lei‑
denſchaften läßt in der Regierungsmaſchine der
Völker keine Harmonie zu. Wann ein Regent
Alles thut, was ihm möglich iſt, um die Ueber‑
handnehmung des Uebels zu hemmen: ſo iſts genug
gethan, um von ſich ſagen zu können, daß es keinem
Monarchen verliehen ſey, das Gute in dem Grad
der Vollkommenheit zu ſtiften, wie er wünſcht.

Ehre

Ehre dem Ehre gebührt.
Ueber die Grabsäule des Marschall Turenne.

Jener welcher gesagt hat, daß es einer der sinnreichsten Züge in der griechischen Staatsverfassung war, den Helden und Patrioten Ehrensäulen zu stiften, um ihnen hierdurch bey der Nachwelt den Zoll zu erwerben, den ihnen ihre Zeit nicht zu geben im Stand war, hat Recht.

Er hätte noch hinzusetzen dörfen, daß die Künste und Talente keine würdigere Anwendung treffen können, als sich der Verewigung verdienstvoller Männer zu widmen.

Es war eine Zeit, wo man die Nahmen berühmter Leute in Leinwand, in Münzen und in Stein schuf — nicht in der Absicht, ihr Gedächtniß zu erneuern, sondern um dem Geschöpf eine Benennung zu geben.

Diß

Diß war die Epoche der allgemeinen Pfuscherey: jene Zeit, wo man malte und bildete, bloß um leere Pläze auszufüllen, um Säle und Gärten auszuschmücken; wo man einen Martirer, eine Heilige in Marmor grub, und einen Kolomb liegen ließ.

Trafs sich von ungefähr, daß einem Künstler in der Planlosigkeit seiner Ideen ein alter Kopf, irgend eine zweideutige Gestalt, entwischte: so ermangelte er nicht darunter zu sezen: Cäsar, oder Kato, oder Alexander, oder Aristoteles ꝛc. ꝛc.

Mehr war nicht nöthig, um den Betrachter zu interessiren. Man suchte nichts, als die Ausfüllung des Raums; und in der That war jener Einfall weislich genug, weil der Kenner gewis in den Traits des Bilds und in der Kunst des Werks den berühmten Mann nicht aufgefunden haben würde. Um ihn den Vorübergehenden bekannt zu machen, hätte man einen Auszug seiner Geschichte und Verdienste, auf Pergament oder Blech, ans Fußgestelle heften müssen: und wo anders hätte man diesen hernehmen müssen, als aus — der Schule!

Die

Die Wiederherstellung des wahren Zwecks der Ehrenmäler war unserm Jahrhundert vorbehalten. Die Engländer welche dem neuern Europa in allen Linien der Philosophie und der Staatskunst das Muster gaben, sind die ersten unter uns, welche dem Verdienst Tempel eröfneten. Die Westminsterabbtey ist ein unvergängliches Elysium der Patrioten.

Etwas später sind ihnen die Franzosen gefolgt. Es ist keiner der unbeträchtlichsten in den Sittenzügen dieser in so viel Stücken vorzüglichen Nation, daß die Künste und der Lux den grösten Antheil ihrer Talente zur Ehre ihrer grossen Männer verschwendet haben. So oft sich die Kunst ein Meisterstück vornimmt, so oft sich der Ueberfluß ein Denkmal stiften will: so erwählen sie die Bildsäule eines Henrich IV, eines Richelieu, Deskartes, Hopital, Marschall von Sachsen, Voltaire, Buffon rc. rc.

Gereicht die Denksäule mehr dem Unsterblichen, dessen Nahmen sie trägt, oder dem Stifter dessen Großmuth sie verewigt, zum Ruhm? Diß ist eine beträchtliche Frage. Das Gefühl des Lesers, welches folgende Anecdote erweckt, muß die Antwort hierauf bestimmen.

Henrich de la Tour von Auvergne, Vicomte von Turenne, einer der grösten Generale seiner Zeit, blieb, nachdem er durch einen Zeitraum von fünf und vierzig Jahren einen Sieg an den andern geheft hatte, in den Laufgräben zu Sasbach, durch einen Kanonschuß.

Dieser Mann, der unstreitig aus der Reihe der unvergeßlichen Männer ist, die dem Jahrhundert Ludwig XIV Ehre machen, war einer der grösten Helden Frankreichs. Seine Denksäule müste, wann es nicht zu Sasbach wäre, in der Ebene von Nördlingen, neben das Grabmal des General Mercy, errichtet werden. Die Schlacht auf dem Felde zu Nördlingen zwischen dem Prinzen Conde und der Armee Ferdinand III war der Punkt, wo Turenne ausgieng, um die ununterbrochene Laufbahn seiner Siege zu betretten, und das Dorf Sasbach *) ist jener Punkt, wo er sie endigte.

Die

---

*) oder wie sich einige Länderbeschreiber ausdrüken, Sesbach. (Ein zum Bistum Strasburg gehöriges Dorf im Amte Oberkirch, am Fuße des Schwarzwalds, vierthalb Meilen südlich unweit der Stadt Strasburg.)

Die Umstände seines Tods sind beynahe so ausgezeichnet, so heroisch und so ruhmvoll, wie die Züge seines Lebens.

Immittelst Ludwig XIV die Eroberung der Franche comtee mit eben derselben Leichtigkeit, welche seine damaligen Unternehmungen bezeichnete, ausführte: so entwickelte der Marschall Turenne, der weiter nichts that, als daß er die Seite des Reichs nach den Küsten des Rheins zu vertheidigte, Alles was die Kriegskunst Großes und Vollkommenes enthalten kan. Er hatte zu seinem Gegner den berühmten Montecuculi, den vollkommensten Kriegsmann seiner Zeit.

Diese beyden Helden war einer des andern würdig. Vier ganze Monate brachten sie zu, alle Künste des Kriegs und des militarischen Genis gegeneinander auf die Probe zu sezen, ohne es auf einen Ausschlag ankommen zu lassen.

Man nahm die Zeit gewahr, einander zu amüsiren, zu beobachten: kurz Bewegungen zu machen, die von den Kennern viel höher geschäzt werden, als Siege. Man sezte List, Geduld und Kunst einander entgegen.

P 5   Ende

Endlich kam es zum Punkt, daß ein unvermeidliches Treffen beim Dorfe Sasbach entscheiden sollte, welchem von beyden Nebenbuhlern die Krone des Siegs aus der Hand der Unsterblichen selbst dargereicht werden würde.

Mitten unter den Vorbereitungen zu diesem wichtigen Tag besuchte Turenne die Laufgräben, oder vielmehr er wollte einen Platz zu einer Batterie ausstecken.*) Eine feindliche Kanonkugel entseelte ihn auf der Stelle. Er fiel in die Arme des Marquis Saumaise, seines Adjutanten.

Die ganze Armee brach nur in Einen Strohm von Thränen aus. Als man zum Herrn von Saint Hilaire, Generallieutenant der Artillerie eilte, dem die nehmliche Kanonkugel einen Arm zerschmettert hatte: so rief er mit der heftigsten Leidenschaft: ich nicht; jener grosse Mann dort ists, um den ihr seufzen müßt.

Man

*) Turenne war zu Pferd. Der Ort, den er zu Anlegung einer Batterie in Gesellschaft des St. Hilaire, dessen Sohns, und des Saumaise beritt, war eine Anhöhe. Man glaubt, daß ihn sein rother Mantel den deutschen Artilleristen ausgezeichnet habe. Er stund unter einem Baum und stürzte zu den Füßen desselben.

Man ehrte seine Leiche aufs möglichste, indem man ihn auf die nehmliche Art, wie ehemals den Connetable du Guesclin zu Saint Denis beysezte.

Allein diß ist auch Alles, was der Asche des erlauchten Turenne zu Ehren geschah. Seitdem hat man jüngern Helden, die den Tod der Ehre und des Heldenverdiensts starben, prächtige Mausoläen errichten, und ihre Gebeine der Unsterblichkeit weihen sehen: inmittelst Turenne kein anders Denkzeichen hatte, als seine Thaten.

Ein Fürst in dessen Busen das Blut des Heldenhauses, woraus er abstammet, neben dem erhabensten Eifer für den französischen Ruhm flammt: der mit einem entschiedenen Instinkt fürs Hohe, fürs Edle, alle Grazien des Genie und alle Größe der Seele vereinigt, um es zu erreichen: der jenes grossen Alters Ludwigs XIV in jedem Betracht ähnlich sey: schien gebohren werden zu müssen, um der Nation das Denkmal herzustellen, welches ihrem Nahmen fehlte.

Den die Welt zu Wien anbethet wie zu Versailles, erlauchter Rohan, genehmigen Sie, daß ich

ein

ein öffentliches Zeugniß der Bewunderung ablege, die ich für Ihren unvergleichenden Karakter in meinem Herzen verwahre.

Wer anders als Diejenigen, welche die Gnade genossen, sich Euer königlichen Hoheit*) zu nähern, kan von der Größe Ihrer Empfindungen, von dem Schwung ihres Genie, von dem Schimmer Ihrer Seele eine gerechtere Zeugschaft geben?

In Ihnen hat man den Stifter des Denkmals auf Turenne ganz erkannt. Niemand konnte den Entwurf einer so grossen Idee mit so viel Dichtergeist vereinigen.

Seit-

---

*) Einen Moment wollte man dem Hause Rohan dieses Prädikat streitig machen. Allein es ist bewiesen, daß die Herzoge von Rohan in gerader Linie vom königlichen Zweige von Bretagne, und zwar auf männlicher Seite, abstammen. Eine Abstammung die von der öffentlichen unverjährten Geschichte eben so sehr, als von allen europäischen Souverainen, von den Königen in Frankreich selbst, und von den Landsständen in Bretagne, behauptet wurde; und die seit der Heyrath zwischen der Mademoiselle Soubise und dem Duc de Condé, 1753, wobey die Fürsten von Rohan unter den Prinzen vom Geblüte anerkannt wurden, außer Zweifel gesetzt ist.

Seit ungefähr zehn Jahren waren die Offizire, welche die Garnison in Strasburg machten, gewohnt, en Corps nach Sasbach zu reutten, und den Todestag des Marschall Turenne, in der Kapelle worinn sein Herz verwahrt wird, die unweit der Anhöhe, wo er fiel, erbauet worden, ordentlich zu feyern. Jedoch diß war nicht mehr als eine Privatconvention.

Sie fielen zulezt auf den Entwurf, einen Stein auf der Stelle seines Todes zu errichten. Er ist wirklich da. Seine Form ist dreiseitig, und höchst simpel. *) Allein' sie ist allzuunhinlänglich, um ein dem Gegenstand vollkommen würdiges Denkmal zu erhalten.

So-

---

*) Der Stein steht unweit dem Baum, worunter der Marschall Turenne erblaßte, an einer Helle. Er ist ungefähr 4 Fuß hoch.

Auf der ersten Seiten liest man
    Hier ist Turennius vertötet worden.

Auf der zwoten.
    Hic cecidit Turennus, die 27 Jul. 1675.

Auf der dritten.
    Icy fut tué Turenne.

Sobald der Kardinal Louis von Rohan-Guiménee vom Bistum Strasburg, das durch die Nachfolge seines kürzlich verstorbenen Oheims auf ihn gefallen war, Besiz genommen hatte: so war eine der ersten Handlungen seiner Regierung, daß er jenen Bezirk beym Dorfe Sasbach, wo der Marschall Turenne entseelt wurde, käuflich an sich brachte.

In diesem Bezirk befahl der Fürst, und zwar auf derselben Stelle, wo der Unsterbliche niederstürzte, eine zwölf Fuß hohe Gedächtnißsäule in Pyramidengestalt zu errichten. Der Karakter dieser Säule ist stille Würde.

Auf der ersten Seite soll man, in einer Schleife von Guirlanden, lesen

Hier fiel Turenne.

Auf der Gegenseite:

Montecuculi kommandirte den Feind.

Im Rucken: das Wappen des Hauses Turenne mit Siegskränzen und Lorbeern umgeben.

Die Säule ruhet auf einem Fußgestell, welches von Tropheen und Basreliefs zusammengesezt ist.

Auf

Auf der Spize der Säule schwebt eine mit Zipressen umwundene Lilie.

Das Ganze ist mit einem eisernen Gitter umfaßt: in dessen Umkreiß Lorbeerstauden gepflanzt sind. Nur auf der Stelle, wo man die Kanonkugel fand, soll ein Dornstrauch grünen.

Um die Unvergänglichkeit dieses Monuments zu erhalten, soll ein Haus nebst einem Garten unweit der Säule eingerichtet werden, welches zu einer ewigen Stiftung dienen wird, einen Invaliden, der vom Regiment Turenne seyn muß, zu erhalten. Der Beruf dieses Invaliden ist, die Fremden auf den Plaz zu begleiten, und ihnen die Denksäule zu erklären.

Zu diesem Ende wird eine genaue Geschichte vom Leben des Marschall Turenne, und von den ausführlichen Umständen seines Tods auf des Fürst-Bischofs Kosten, eigens verfaßt, und ein Exemplar dieses Buchs dem Invaliden zu seinem Unterricht zugestellt werden.

Die Unkosten zu diesem Denkmal und der damit verknüpften Stiftung hat man auf 145,000 Livres berechnet.

Man

Man hat grosse Muster von Denkmälern berühmter Männer in der Geschichte der Egipter, der Griechen und der Römer, in der heutigen Geschichte der Engländer, Friederichs II, und der Franzosen. Aber man muß gestehen, daß das Gegenwärtige alle Andere eben so weit an Erfindung, als das Castrum Doloris Häphästion's sie an Kostbarkeit übertrift.

Simbol

eines Bürgers aus dem neunzehnten
Jahrhundert.

* * *

Ich glaube an einen Einigen, unendlichen, anbetenswürdigen Gott, Schöpfer, Erhalter und Regierer der Welt — in quo vivimus, movemur et sumus.

* * *

Ich glaube, daß alle Menschen der Erde Brüder sind: und daß Gott keinen andern Unterschied zwischen seine Kinder gesezt hat, als Tugend und Laster.

* * *

Ich glaube, daß jene die beste Religion ist, welche das geringste Maaß von Geheimnissen und Streitsätzen enthält, und die sich blos auf eine einfältige reine Moral gründet, worüber alle Nationen einverstanden sind, und die in allen Theilen der Erde sich ähnlich ist.

* * *

Ich glaube, daß die Summe der Religion, welche Gott von dem Menschen verlangt, in den zween Grundsäzen besteht: Liebe Gott und deinen Nächsten!!

* * *

Ich glaube an die Toleranz; und daß die Glaubensverfolgung die abscheulichste Geissel der Erde ist, nach der Pest, der Hungersnoth, dem Krieg und den Blattern.

* * *

Ich glaube, daß der Fleiß, die gesellschaftliche Tugend und gute Sitten weit gedeyhlicher sind, als Religionsdisputen, und daß ein tugendhafter und gerechter Samojede bey Gott besser angesehen ist, als ein erbitterter und spizfündiger Doktor.

* * *

Ich glaube an die Rechte der Herrschaft, der Gesezze und des Staats.

* * *

Ich glaube, daß unter allen Regierungsarten diejenige die rechtmäßigste und heilsamste ist, wo die Menschen blos unter dem Gesezze stehen.

Ich

Ich glaube, daß sich die Gesetze nicht besser ausdrücken können, als durch den Willen Eines gerechten und tugendvollen Regenten.

* * *

Ich glaube, daß das, was ich unter dem Schuz der Gesetze erworben habe, mein Eigenthum; und daß mein Eigenthum ein Heiligthum ist, welches ich mit meinem Blut zu vertheidigen schuldig bin.

* * *

Ich glaube, daß ich schuldig bin, einen Theil meines Erwerbs und meines Genusses zur Erhaltung der allgemeinen Gesellschaft, das ist zu den Bedürfnissen des Staats, herzugeben, es sey unter dem Namen Steuer, Tax, Mauth ꝛc. ꝛc. ꝛc.

* * *

Ich glaube, daß meine und meiner Familie eigene Sicherheit nur in der allgemeinen Sicherheit beruhe, und daß ich folglich verpflichtet bin, mich vor diese leztere mit meinem Vermögen und Leben zu stellen.

Ich glaube, daß der Lehrsaz, man sey einem schlimmen Regenten keinen Gehorsam schuldig, und man dörfe sich am Leben eines Tirannen vergreifen, ein vermaledeyter, blasphemischer und falscher Lehrsaz sey.

*   *

Ich glaube, daß die Freyheit eine Schimäre ist.

*   *

Ich glaube an den Ackerbau, als die Urquelle aller menschlichen Nahrung, und die vornehmste Stüze des Staats.

*   *

Ich glaube an die Handlung und Manufakturen, als die Mittelhände des Gewerbs und der Glückseeligkeit.

*   *

Ich glaube, daß die mechanischen Künste ehrwürdiger sind, als die sogenannten schönen Künste, und die Gelehrsamkeit der Oekonomie nachstehet.

Ich

Ich glaube, daß eine der edelsten Pflichten eines guten Bürgers und einer der würdigsten Gesichtspunkte des Staats in der Sorgfalt für die Armut bestehe: indem die Unterstüzung unseres Gleichen die eigentliche Religion des Herzens ist, welche die Gottheit von uns fordert; daß aber die Milde gegen die Armen nicht ins besondere im Almosengeben beruhe, sondern daß die wahre Menschliebe sich dadurch ausdrücke, dem leidenden Nebenmenschen mit Rath und Trost beyzuspringen, das Verdienst aus der Verborgenheit hervorzuziehen und es zu beschüzen, die Unschuld an Tag zu bringen, den Unterdrückten mit eigenem Arm zu retten, die Thräne der Waise und der Wittwe durch Freundlichkeit wegzuwischen, den Armen von der Bahne des Bettels auf den Weg des Fleißes zu weisen, und ihm die Quelle der Vorsicht zu zeigen.

——*

Ich glaube an Muth, Tapferkeit und Vaterlandsliebe, als die ursprünglichsten Tugenden des Menschen, und die ersprießlichsten zum Wohl des Staats.

Ich glaube an die Vernunft und ihre Rechte.

* * *

Ich glaube an alle großen und berühmten Männer, welche die Freyheit der Menschen, das Glück der Tugend, den Gehorsam gegen die Obrigkeit und die Vervollkommnung der Regierung vorgetragen haben.

* * *

Ich glaube, daß gegenwärtiges Symbol Alles in sich schliesse, was zum wahren Gottesdiener, zum tugendhaften Bürger und zum rechtschaffenen Menschen nöthig ist.

Etwas von der Kriegsschaubühne aus Irokesen-Lieder.

Bayreuth den 12. Jänner 1781.

An den Verfasser der Chronologen.

Unter den Neuigkeiten, die ich von Zeit zu Zeit von meinen Freunden bey der englischen Armee in Amerika erhalte, befinden sich zuweilen Details von der Lebensart, den Sitten und der Menschengattungen der Wilden. Sie sind zum Theil sonderbar genug. Wenigstens können sie einen Augenblick dienen, die Gesellschaft in Europa zu belustigen.

Wenn sie glauben, daß das, was ich ihnen hier im Auszug beyfüge, nicht etwann schon bekannt ist: und wenn ich den Chronologen ein Castau dadurch präsentiren kan, so erwählen sie den Gebrauch davon, den sie belieben.

Einer ihrer Leser.

* * *

Die Irokesen sind unter den sogenannten Sechs Nationen die edelste und kriegerischste vor allen. Ihr Karakter ist sehr vom Karakter der übrigen Wilden, z. B. der Chatcas, der Hurons, der Esquimaux ꝛc. ꝛc. verschieden.

Tapferkeit, Beredsamkeit und Tugend: nur diese drey Eigenschaften sinds, wodurch man bey den Irokesen sich unterscheiden, oder einigen Rang erwerben kan. Alle Wünsche eines Iroquois sind erfüllt, wann er das schreyende Blut gerächt, sich durch Kriegsthaten hervorgethan, und aus seines Feinds Schedel getrunken hat.

Jeder Irokese schäzt seine Ehre und seine Vaterlandsliebe höher als sein Leben: und um die Herzen der Jünglinge zum Geiste des Nacheifers in diesen Regungen zu ermuntern, haben sie eigene Kriegslieder.

Sobald der Krieg beschlossen ist, welches durch eine Umfrage in der Gemeinde von Glied zu Glied geschicht; so ergreift der Etissu, der Oberste eine Trommel und macht die Ronde dreymal um

sein

sein Haus herum. Sein Gesicht ist mit Blut überstrichen, und mit schwarzen breiten Streifen bemahlt. Diß ist das Signal zum Krieg, oder vielmehr zu Mord und Tod.

Auf dieses Signal versammlen sich alle Krieger mit ihren Tomohawks und Spießen und Pfeilen vor dem Quartier des Obersten. Hierauf wird ein Pokal mit einem Dekokt von gewissen Kräutern im Kreise herumgereicht, um die Gottheit zu versöhnen und ihren Beistand anzurufen.

Sofort beginnt der Marsch, mit einem allgemeinen Feldgeschrey. Der Obriste stellt sich an die Spize und stimmt das Whu Whup, den feyerlichen Kriegsgesang, an.

Satalaguiron saguen ne iaguennitariscon
Onnontio raguenni octavennio agavvennoten
Onkirivvannonvvague onguennaguerouaion
Luongvetaxxen ionkirivvannonvvage.

Deutsch:

Es gehe einer wie dem andern!
Ja, Alle laßt uns für unsern guten König sterben.
Seine Feinde ausrotten, die Erde von bösen Menschen reinigen.
Diß sey unser einmütiges Beginnen.

Q 5   Diese

Diese Arie ist seit undenklicher Zeit der gewöhnliche Feldgesang bey den Irokesen. Sie ist allgemein an dem Nahmen Wuh-Wuhp bekannt, welches soviel sagt, als: das Feldgeschrey des Wolfstamms. *)
Um

*) Die amerikanischen Wilden haben, wie man weis, keine Geschlechtsnahmen. Sie unterscheiden einander an der Farbe des Stammes: das ist an gewissen eingeschnittenen und tingirten Zügen im Gesicht, an den Wangen, Aermen, die das Wahrzeichen der verschiedenen Stämme, in welche die Nation eingetheilt ist, sind. Diese Stämme hingegen haben eine Art von Zunahmen, oder vielmehr Devise: z. B. der Schlangenstamm, der Schildkrötenstamm, der Aalstamm, der Wolfsstamm.

Die Worte, woraus obige Arie besteht, sind bey den Irokesen so alt, daß man ihre eigentliche Bedeutung sogar nicht mehr weiß. Die Uebersetzung, welche man hier giebt, ist derjenige Sinn, in welchem sie heut zu Tag allgemein verstanden sind.

In der Irokesensprache ist kein Lippenbuchstabe, wie z. B. b, f, m. Das doppelte u wird als ein Diphtong ausgesprochen. Der Ton entsteht weder auf der Brust noch im Gaumen; sondern er wird

Um den Gesang noch durchdringender zu machen, so begleitet das Corps den Obristen öfters durch den Zwischenruf folgender Strophe:

Egannoten iegaennoten, é, he!

Egannoten en, en!

Aus diesem Conzert entsteht ein so fürchterlicher Schall, der dem Feind durch Mark und Bein bringt, und jede Armee, die ihn zum erstenmal hört, wär sie auch aus lauter Cäsars zusammgesezt, gefrieren macht.

In zwischenräumen von drei bis vier Schritten folgt die Compagnie siben Mann hoch ihrem Obristen auf dem Fuß.

Sobald man den Feind ansichtig wird: so bläßt der Obriste in ein Flageolét. Diß ist das Signal zum Angrif.

Im wird blos durch den Kanal der Nase geführt. Alle Worte werden mit geöfneten Lippen und hart zusammgeschlossenen Zähnen ausgesprochen. Hieraus kan man sich einen ungefähren Begrif vom Klung obiger und der folgenden Arie machen.

Anmerk. der Chronolog.

Im Frieden bestehet die Unterhaltung der Zirkel, wie man weis, im Ballspiel und in Conversation. Die ganze Assemblee versammelt sich auf der Terasse vor dem Haus wo die Gesellschaft gegeben wird. Jeder der eintritt, singt die gewöhnliche Visit-Arie. Eine Art von Menuet, welches zween Takt hält. Diß ist das Compliment, so er der Gesellschaft macht.

Hierauf werden die Stühle von Pappelholz gesetzt, und sobald die Hickorynmilch herum gegeben ist, so fängt der ordentliche Visitetanz an, ein Ballet in halb traurig und halb lustigem Ton. Dieser währt ohne Unterbruch bis die Sonne untergeht.

Bey der Begräbniß eines Irokesen: dann es ist ganz falsch, daß sie ihre Todten verbrennen und die Asche sauffen; werden Exequien gehalten. Man tanzt drey Täge und Nächte hindurch bey einer Trommel einen Reigen, Hand in Hand, um den Baum, worunter der Todte eingegraben, ist.

Dieser Tanz ist mit einer kläglichen Arie, die man den Todesgesang nennt, vermischt, und so

Tsia-

Thatontenionka ahi, ahi!
Sevvanaon karatennson ahi, ahi, ahi, ahi!
Svvarivvissaanonkvve, ahi, ahi!
Onnen sagarivvatont ahi, ahi, ahi, ahi!
Onnentravven heiou ahi, ahi!
Agvva rassenvvannen ahi, ahi, ahi, ahi!
Hagarontiennenna ahi, ahi!
Tetvvagannerakvve, ahi, ahi, ahi, ahi!

Deutsch:

Höret Alle, ach, ach!
Die ihr Einsicht habt, ach, ach, ach, ach!
Die ihr diesem Leichengepräng beywohnet, ach, ach!
Vergesset es nie, ach, ach, ach, ach!
Todt ist Er, ach, ach!
Der Ruhmwürdige, ach, ach, ach, ach!
Der erhabene Baum, ach, ach!
Der uns durch seinen süssen Schatten labte, ach, ach, ach, ach!

Zwischen ein schreyen die Zuschauer:

Koo — Koo — Koo

gleich dem geängsteten Vogel der Nacht im brükenden Winter.

Nachdem die Arie und der Tanz geendiget ist; so hält der Vorsinger dem Verstorbenen eine Standrede, worein zugleich das Lob aller berühmten Männer seines Geschlechts und eine Wiedererinnerung an die Verdienste aller berühmten Männer der Nation der Jroquois überhaupt, verflochten ist.

Diß, mein Freund, sind einige Züge aus den Sitten der Nation, die man uns in Europa als Unmenschen beschreibt.

Was wird mein Gefatter Steffen dazu sagen?

So ifts also an dem, daß das Brod, dieser uralte treue Gefährte der Armuth abgeschaft werden soll? Meine Freunde in Frankreich schreiben mir, daß die Versuche, welche man mit dem Anbau des Brodbaumes gemacht habe, glücklich gelungen: und diese neue Gattung Brod bereits an verschiedenen Tafeln zu Paris Mode wäre.

So gewiß ifts, daß die Bestimmung der Menschen, in ihrer moralischen und physischen Ansicht nichts, als eine unaufhörliche Equivoque ist.

Wann die Kultur dieses neuen Brods in Europa die Oberhand gewinnt: so wirds eine der gröſten und denkwürdigsten Revolutionen in der Physik und den Sitten seyn. Man sage nicht mehr, daß etwas in der moralischen Welt unmöglich sey. Wer hätte glauben sollen, daß man jemals auf die Lehre kommen würde, das Getraid sey

sey eine ungesunde und unnatürliche Nahrung, und das Brod tauge nichts?

Unterdessen itzs der Punkt, worauf wir stehen.

Um meine Leser auf den Hergang dieser Erfindung, die, wann sie nicht zu den neuesten, doch zu den erheblichsten Neuigkeiten unserer Periode gehört, vorzubereiten, muß ich mich erstlich auf einen kurzen Auszug der natürlichen Geschichte des Brodbaums einlassen. Ich bediene mich hiebey des Dictonaire encyclopädique.

In den Philippinen, insbesondere zu Tinian, in den Molukken und in allen übrigen südlichen Ländern, wo sonst der Cocos wächst, ist jene seltne Pflanze einheimisch, den man den Brodbaum nennt.

Es ist eine Staude die ungleich höher und stärker ist, als der Apfel- und Birnbaum in Europa. Die breiten Blätter sind schwarz von Farbe. Die Frucht gleicht einem Apfel, oder vielmehr einem von der kleinern Gattung Melonen. Das ist, sie ist gelb, und grösser als ein europäischer Apfel. Dieses Gewächs hat eine harte, dichte Rinde,

Rinde, beynahe so stark wie eine wälsche Nuß. Innwendig ist ein Mark, ungefähr wie im Kürbis oder Melon. Solches Mark ist schneeweis, fein; und von so angenehmen Geschmack, wie die delikatesten Milchpastetgen.

Aber das Mark ist nur eßbar, solang es frisch ist. Es läßt sich nicht länger erhalten, als vier und zwanzig Stunden. Alsdenn verhärtet sichs, stokt und wird ekelhaft, widerwärtig, mit Einem Wort ungeneußbar.

Auf diese Art würde der Brodbaum von geringem Nuzen in der Oekonomie seyn. Allein zum Ersatz blühet er acht ganze Monate hindurch.

Diese Frucht nun ist das Brod, dessen sich die Menschen dortiger Länder bedienen. Dabey sind sie sehr gesund, groß, stark und schön; zwar selten dikleibig und fett, aber von ausserordentlichen Nervenkräften. Kurz, das Naturell der Einwohnere zeigt überzeugend, daß diese Frucht eine der heilsamsten und edelsten seyn müsse. *)

Der

*) Vollkommenere Beschreibung des Brodbaums siehe in den Reisen Dampiers, Ansons, Cooks, Bougainville, Forsters ꝛc. ꝛc. und vermuthlich in der beliebten und verdienstlichen Krüger'schen Encyclopädie.

Der Weltfahrer Dampier ist der Erste, der diesen Baum beobachtete und in Europa bekannt machte. Im Jahre 1754 sprach ein Reisender zu London noch Offizire, die von der Expedition des Admiral Anson übrig waren. Sie nannten die Brobfrucht eine höchstvortrefliche durchaus götterartige Kost.

Unter denjenigen Philosophen, welche den Nuzen des Brodbaums auslegten und seine Nachpflanzung in Europa vorschlugen, machte der Graf Buffon den Anfang. Ihm folgten die Encyclopädisten Voltaire, Mirabeau ꝛc. ꝛc. und neuerlichst Herr Linguet.

Die Gründe, welche man bey dieser wichtigen Dissertation aufs Tapet gebracht hat, sind eben so sonderbar als anziehend.

Das Getraid ist augenscheinlich nicht die angebohrne Nahrung des menschlichen Körpers, weil der gröste und älteste Theil der Erde sich dessen niemals bedienet hat. Ganz Westindien, das ist alle zu Amerika gehörigen Inseln, kennen den Gebrauch des Getraides nicht: und selbst auf dem festen Land hat man kein anders, als welches aus Europa herübergebracht ist. Auch dieses wird nur von den europäischen Kolons, und mit nichten von den Nationalen verbraucht: dann alle eingebohrnen India̅ner, leben wie man weiß, von Patatoen, getrockneten Früchten und Hikkorynüssen.

Was Ostindien betrift: so ist der Manico und die Cassave das ordentliche Brod aller Negers, India̅ner und selbst des ärmern Theils der Weissen. Das Getraidbrod ist nur seit der Handlung der Europäer, und nur bey den Reichen, in Ostindien bekannt. Der ausserordentliche Werth des Meels allda beweist, daß es blos für einen Leckerbissen, für einen Prachtartikel gilt. Wann zu Magras, zu Batavia, zu Pondichery Brod geessen wird: so beweist es eben so wenig, als wann man an den Tafeln zu London und zu Paris Vogelnester und Ananas siehet. „Sehr wenig Menschen" sagt der Pater Labat einer der richtigsten und scharfsinnigsten Reisebeschreibere *) „essen Getraidbrod. Die Schwarzen und alles übrige Dienstgesind, der Handwerksmann, der Matros, der Soldat, alle Creolen, leben von der Cassave, den Erdäpfeln, dem Reiß ꝛc. ꝛc. Und wann vermöglichere Bürgere den Fremden zur Ehre europäisch Brod auf ihren Tafeln aufsetzen: so stellen sie für sich selbst Cassave daneben. Kurz, ich darf behaupten,

*) Nouveaux voyages du Pere Labat. T. I. 368. Edit. de Paris.

ten, daß unter hundert Menschen in Indien genau nicht mehr als fünf Getraidebrod essen."

Reiß ist bekanntlich die allgemeine Speise im ganzen übrigen Asien, in China, in Japen, in der Tartarey, in Persien, in Egypten, in der Türkey, neben dem der Mahis.

Das Getraid, welches in der Barbarey, in Egypten und an den übrigen afrikanischen Küsten in Menge angebauet wird, ist nicht zum Nahrungsmittel der Nation bestimmt, sondern eigentlich zum Handlungsstof. Die Nationalen leben von der Jagd, der Fischerey, den Baumfrüchten und dem Reiß.

Endlich im ganzen Raum zwischen den beyden Wendezirkeln weder Getraid noch Brod. Diese Speise ist längs einem Striche über 15,000 Meilen am Eismeere hin gänzlich unbekannt. Man muß durchaus ungefähr 50 Grad hinter dem Aequator den kleinen Erdfleck der sich Europa nennt, aufsuchen, um das Getraidebrod kennen zu lernen.

Also über mehr denn drey Viertheilen der bewohnten Erde ist unser Brod unbekannt. *) Und selbst in Europa wie viel Leute leben ohne das Brod? In Spanien und Wälschland erhält sich der Landmann blos von Kastanien, Mispeln und Feigen. In Frankreich sind Kastanien und Erdäpfel die ordentliche Kost des Armen. In der Schweiz, in Savoyen, im Mailand wird der Abgang des Brods durch den Käs ersezt. Die Bewohnere der Alpen, der Pyränen, eines grossen Theils von Deutschland bedienen sich der Milch, des Türkenkorns und der Erdbirn. In England und Holland ist man bekanntermassen vom Gebrauche des Brods so entwöhnt, daß es blos zur Parade auf den Tafeln dient.

Zweytens ist das Brod eine höchst ungesunde und fremde Nahrung. Es ist ein wahrer Gift. Das Ferment, mit welchem das Meel vermischt wird, um es zu Brod zu backen, kan nichts anders als die schädlichsten Wirkungen in den Magengefäßen und Eingeweiden, Blähungen, Unverdaulichkeit, Krämpfung und alle möglichen andern Uebel die einem Gift, das ist einem gährenden und arsenikalischen Körper eigen

R 3 sind

*) Nach Herrn Linguet verhält sich die Zahl der Brodesser gegen Diejenigen, die diese Speise weder kennen noch gebrauchen, wie 50,000,000 zu 900,000,000.

sind, nach sich ziehen. *) Ausserdem die Schwehre, die Härte, die Säure des Brods, sein früher Uebergang in die Fäulung, die vielerley Fehler, denen es im Backen unterworfen ist, sind lauter überzeugende Merkmale seiner Unvollkommenheit. Ists frisch und neugebacken, so ists für eine delikate Kehle nicht angenehm: wirds alt und schimmlicht, so verachten es sogar die Mäuse und die Würmer.

Hier wirft man ein, die Welt hat solang vom Brod gelebt. Wann es so ein mörderisches Nahrungsmittel ist, warum sind unsere Voreltern so alt worden? warum sind soviel Millionen Menschen die es genossen, nicht davon gestorben? Mithridat, antworten die Philosophen, die es angehet, hierauf, wußte es durch die Uebung so weit zu bringen, daß ihm auch der Sublimat nicht tödlich wurde. Das Opium und der Manico, dessen sich ganze morgenländische Völker noch heut zu Tag zum täglichen Gebrauch

*) Zur Bestättigung jener Beobachtung, die ich immer für mich gemacht habe, daß die Polizeygesetze der Juden in ihrer diätetischen Linie unvergleichlich seyen: das ist, um mich natürlich auszudrücken, daß die Juden weit reinlicher, gesünder und besser speisen als immer die Christen, gehört auch der Umstand, daß sie den sogenannten Sauerteig fliehen.

brauch bedienen, und die offenbare Gifte sind, beweisen daß die Gewohnheit Alles entnaturt.

Was die Reichen und die Wohlhabenden in Europa betrift: so ists begreiflich, daß ihnen der Wein, das Fleisch, der Zucker und andere auflösende und verdauende Körper, womit ihre Tafeln vermischt sind, gleichsam zum Gegengift dienen. Ueberdiß ist das Brod der geringste Theil ihres Nahrungsgenusses.

Warum aber offenbaren sich die Bleichsucht, die Dörrsucht, die Gliedererschlappung, das ganze Gefolg der Fiber und so viel unzählige andere Gebrechen, welche die Arzneykunst für die eigenthümlichen Simptome der Unverdaulichkeit und der Verderbniß des Magens angiebt, am häufigsten und zahlreichsten beym Landvolk, geradezu bey jener Menschenklasse, die an dem Gebrauch des Brods am meisten hängt?

Warum sind die Malabaren, die Peguaner, die Perser, die Negern, die Tartarn, um so viel schönere und gesündere Menschen im Verhältniß mit den Europäern? Warum sind die Engländer, welche das wenigste Brod essen, die schönsten und stattlich-

sten Adamssöhne im Verhältniß der Letztern unter=
einander selbst?

Es ist gewiß, daß das Brod dem Menschen eine
gewisse schwehrmüthige, massive und taube Natur
giebt, die sich sowol auf seinen Körper als auf seinen
Geist beziehet.

Man muß gestehen, diß heißt die Sachen ein
wenig weit suchen: innzwischen laßt uns den dritten
Grund hören.

Das Brod erfordert eine weit kostbarere, lang=
weiligere und verderblichere Zubereitung. Eine evi=
dente Wahrheit. Nachdem das Feld zubereitet, ge=
düngt, geackert, geflügt ist: so muß der Saame
ausgesäet werden. Tausend Zufälle und Gefahren
können darüber gehen und bald Alles, bald zum
Theil vereiteln. Nach einer ängstlichen Erwartung
über drey Monat lang, muß die Saat gesammlet,
geschnitten und heimgebracht werden. Nun trocknet
sie noch einige Monate auf dem Thenn aus. Itzt
fängt das Treschen an. Der Kern muß vom Stro=
he abgesondert, gereuttet, in Säcke gefaßt seyn.
Schon ist ein halbes Jahr vorbey: und die Arbeit
zum Brode ist nunmehr gerade auf die Helfte ge=
bracht.

Bis

Bis dato wars der Frost, der Hagel, die Näſ-
ſe, der Reif, der der Frucht drohete, und den Landmann jede Minute zittern machte; nun ſinds die
Mäuſe und die Inſekten, welche in die Zahl der Un-
fälle eintretten. Der zweite Theil der Arbeit fängt
an. Die Frucht muß zu Markt geführt, verzollt,
verkauft und abgemeſſen werden. Itzt kommt ſie in
die Mühl. Durch unzählige Steine, Räder, Beutel, Siebe und Aerme, nach einem lebensgefährlichen
Geſchäft iſt ſie endlich zu Meel verwandelt.

Nun können wir ſie genieſſen? Noch nicht. Das
Mehl muß gemiſcht, angefeuchtet, gknetet, mit
Saurtaig verſezt werden. Es muß in einen mit vieler Kunſt und Mühe geheizten Ofen gebracht, gerö-
ſtet und gebacken werden. Nun habt ihr eine ſchwam-
michte, ſaure, ſchwehre, ungeſunde und theure Materie, die friſch ohne Eckel und Gefahr kaum zu genieſſen iſt, und die ſich nicht länger als acht Tage erhält, ohne ſchimmlicht zu werden.

Ueber dem Daſeyn dieſes Brods iſt völlig ein
Jahr vorbey.

Laßt uns geſtehen, in Vergleichung dieſer Zeit
und dieſer Arbeit mit dem leichter, geſchwinden und

wohlfeilen Prozeß der Cassave, der Hykkorn, des Mahis, des Reiß und aller übrigen Brodgattungen der Fremden, verliert das europäische Brod an seinem Werth unendlich.

Das letztere aber können wir zum mindesten das ganze Jahr hindurch in gleichem Ueberfluß und in gleicher Gattung haben: wie aber, wann euer Brodbaum nur acht — in Europa vielleicht nur vier — nur zween — Monate Frucht trägt? — So wirft die Parthey des alten Brods ein. Und diß giebt den vierten Abschnitt im Prozeß.

Hierauf erwiedern die Vertheidiger des neuen Brods: Ueberrechnet die Summe der Schäden, denen das Getraidprodukt unterworfen ist, die Reihe der Gefahren vom Keim an bis zum Mehl. Zum Beyspiel die Kosten der Saat, der Einheimsung; die Gefahren auf dem Feld; die Gefahren aufm Speicher; den Wurm, die Mäuse, den Brand, dann im Handel die Theurung, die Kipperey, die Sperre, das Monopol; ferner die Kosten der Kultur und Manufaktur, nehmlich das Ackerbaugeräthe, den Mühlbau, welches eines der kostbarsten unter allem Bauwesen ist, die Beckerey und Backöfen ꝛc. Ueberrechnet dieses, und urtheilt, ob euch das exotische

tische Brod nicht unendlich wohlfeiler behagen müßte, wann ihr es sogar die übrigen zehn Monate hindurch aus dem Treibhauß kaufen solltet. Wenigstens wird hier eine Ungelegenheit von der andern ins Gleichgewicht gesetzt.

Allein noch sind wir nicht auf diesem Punkt. Wann die Brodfrucht dort, wo sie gegenwärtig Mode ist, nur frisch und nur einen Theil des Jahrs gebraucht wird: so ist kein Beweis, daß sie nicht einer genauern Untersuchung ihres Wesens, einer mehrfachern Zusammensetzung, vielfältiger Zubereitungsarten fähig sey. Die Barbarn, oder welches gleichviel ist, alle Völker, die nicht polirt sind und sich blos an die rohe Natur halten, pflegen nur beym ersten Versuch zu harren.

Sollte es den Chymisten unseres Zeitalters unmöglich seyn, ein Verfahrungsmittel mit dem Brodapfel ausfindig zu machen, wodurch seine Erhaltung, sein Nutzen, verlängert wird; ihnen, die der Natur ins Innere schauen, für welche sie keine Geheimnisse mehr zu haben wagen darf?

Sollte man, ohne an der diesem erlauchten Geschlecht schuldigen Ehrfurcht zu strauchlen, den Köchen

chen, diesen berühmten Genies des Jahrhunderts, das Talent absprechen wollen, eine Sauce zum Besten des neuen Brods zu erfinden? Auf welche Million Kocharten hat man es nicht mit dem Erdapfel, dieser an sich selbst so einfachen und natürlichen Frucht gebracht?

Darf man nicht glauben, der Fond der Dissertation wäre nunmehr erschöpft? Noch bringt man einen Grund vor, um den Sieg des Brodbaums zu verewigen.

Fünftens. Das Getraid ist ein in der politischen Oekonomie des Staats höchst schädlicher Artickel. Es ist grundfalsch was man zum Feldgeschrey der Regierungen gemacht hat: der Ackerbau sey die Grundsäule des öffentlichen Wohls.

Man ist dem Ruhm der Philosophen, die diesen dem Ansehn nach höchst kühnen und höchst zweifelhaften Saz aufgestellt haben, die Hochachtung schuldig, zu glauben, daß sie ihn nur so verstanden haben wollen — in so fern man den Begrif Feldwirthschaft blos auf den einzeln Zweig des Getraidbaues setze. Es ist bekannt, daß das eigentliche System des Ackerbaues, so wie man es heut zu Tag mit

scienti-

scientivischen Augen zu betrachten gelernt hat, unzählige andere Linien umfaßt, worunter der Getraidebau eine der geringsten ist.

Hören Sie, Lesere, die Begriffe an, womit man diesen unerwartteten Saz unterstüzt: sie sind würdig, daß Sie ihnen alle Ohrwinkel öfnen.

Theurung und Hungersnoth sind in Europa nur Existenzen, seitdem man das Brod zum vornehmsten Nahrungsmittel gemacht hat. Ausserdem wären sie Undinge: sie wären niemals möglich: so wie sie auch bey allen Nationen, die sich nicht an eine ausschliessende Gattung von Speise gewöhnt haben, nicht bekannt sind.

Nichts ist gewisser, als daß die Theurung nur zwo Gattungen hat, eine natürliche nur eine politische. Die erste entspringt aus dem Getraidemangel, die zwote aus dem Wucher, aus der Finanzkabale, oder auch vom Kriege.

Der Fruchthandel ist eine der furchtbarsten und unterdrückendsten Geisseln des Volks. Er ists, der den Bau des Menschen verändert hat, der ihn nöthigt, anstatt das Angesicht gen Himmel zu tragen,

daß

daß er sich den gröſten Theil seines Lebens hindurch zur Erde bücken muß. Die Nothwendigkeit die Erde zu bauen und ihrem Undank etwas abzugewinnen, ist die mühseligste und beschwehrlichste unter den Besorgnissen, welche das Leben des Landmanns aufzehren.

Der Getraidebau hat einen verbrüderten Gefährten an der Armuth. Reiset durch Europa. Werft euren Blick auf Spanien und Frankreich: die fruchttragenden Gegenden dieser Reiche sind gerade diejenigen, wo es am meisten Bettler giebt: wohingegen jene Provinzen, die sich an den Weinbau, an den Oelbau, an die Viehzucht eigentlich halten, reich, blühend und geseegnet sind. — In Holland nehmen die Bettler zu nach dem Maaße, wie man sich mehr in den Getraidebau zu verlieben angefangen hat. Daß man diß nicht öffentlich wahrnimmt weil kein Bettler gelitten ist, das beweiſt nichts entgegen. Die tägliche Vermehrung der Zuchthäuſer und der Spitäler hat ihren Grund nicht im Wachsthum der Menschenliebe, sondern vielmehr in der Vermehrung des Elends. Die Arzney zeugt vom Daseyn der Krankheit. — Deutschland ist offenbar an Bettlern mehr bevölkert, seitdem die Kultur zugenomgenommen, seitdem der Weinbau mehr in Abnahm kommt, und der Fruchtbau vorgezogen wird. — Was England betrift: so wachsen die Bettler und die Räuber genau in den fruchtreichsten Bezirken der Insel. In Schottland und Irrland kennt man dieses Ungeziefer kaum.

Kurz durchschwärmet die ganze Welt. Erkundigt euch bey allen Nationen. Befraget in eurem Kabinet die Bücher der Geschichte und der Erdbeschreibung. Ihr werdet überall den Menschen jene eben so traurige als wahrhafte Beobachtung auf der Stirn eingegraben finden: daß der Arme nirgends weniger Brod hat, als wo es am reichlichsten wächst.

Wie sollte es anderst seyn? Das liebe Brod ist nicht mehr für die Bestimmung des Hungers: es ist nicht mehr das Geschenk der Vorsicht für den Armen: es ist ein Spielstof des Geizes und des Prachts.

Man hat berechnet, daß durch die Hostien beym Kirchendienst in Frankreich, das ist auf einem Bezirk von 16,000 Quadratmeilen, jährlich für vier Millionen

tionen Livres Getraide verlohren geht. *) Um so viel, sezt der Herr von Valtaire hinzu, ist demnach England jährlich reicher als Frankreich.

Was den Haarpuder betrift: so ist sein Verbrauch durch ganz Europa vollends unermeßlich. Es scheint, das Feld werde vom armen Landvolk blos für die Stuzer und Nimpfen der Städte angebaut.

„So oft sich ein Stuzer für die Opera oder „für einen Ball aufsezen läßt: so wird ein „Bauer gefressen.

Bentley.

Ich bemühe mich nicht, die übrigen Pro und Contra's in dieser Materie zu versammlen.

„Es ist vielleicht keine Ecke in Europa, wo die Wahrheit von dem was wir gesagt haben, fühlbarer und überzeugender ins Gesicht fällt, als auf jenem eigentlichen Strich von Bajonne bis Pau auf dem Rucken der Pyränéen."

„Dort

---

*) Dictionaire encyclopédique. Tom. VI.

„Dort, im Busen des Gebirgs, liegt ein ganz winziger Fleck im Verborgenen, der glücklich genug ist, von unsern Sitten nichts zu wissen, und klug genug, auf sie nicht neugierig zu seyn."

„Ein Saamkorn würde hier ein Wunder der Natur, und eine Mühle ein Meisterstück der Mechanik seyn. Nur von Milch und Eyern, zuweilen mit etwas gekochtem Mahis vermischt, leben diese seeligen Bewohnere."

„Das Elend und der Bettel begleiten euch genau bis an die Gränzlinie dieses kleinen Staats. In diesem Augenblick ziehen sie sich zurück. Kaum aber habt ihr die gegenseitige Gränzlinie wieder übertreten: so stehen sie da, euch erwartend, und begleiten euch wieder im Ruckweg, wohin ihr immer wollt."

„Zecher beym Champagnerwein, beym Pontack und beym Madera! Milchpastetennascher von Straßburg an bis nach Calais! Die ihr das Mehl in Himmel erhebt, und die ihr bey einer wohlbesetzten Tafel so schön für die Ackerbaueinrichtung deklamirt!

mirt! Ich fodere euch auf, mit mir diese seltsame Nation zu besuchen."

„Wann ihr eine einzige Semmel bey ihr findet; und wann ihr nicht gestehen müst, daß die erste Hand, welche euch Allmosen abfoderte, nicht gerade auf derselben Stelle ausgestreckt wurde, wo der erste Beckerladen, den ihr wiedersahet, gebauet war: so will ich Unrecht haben."

Linguet.

Orakel.

Orakel.

Amerika betrefend.

Wann Dreyzehn Eins wird: so wird der Hahn Löwen gebähren.

Auslegung
Von Zephan-Ja Wickstaf Esq. Oberältesten bey der Gemeinde der Zitterer, am Tabernakel zu Philadelphia.

Ihr wollt wissen, Menschen, was das Schicksal über Amerika beschlossen hat? Werft euch nieder, und bethet an.

So spricht der Allmächtige, der Gott eurer Väter, der sie in dieses Land geführet hat: wann Dreyzehn Eins wird: so wird der Hahn Löwen gebähren.

Die Einheit, meine Brüder, ist, nach der Auslegung des Knechts Gottes Jakob Böhme, nichts Anders, als das Daseyn, das Ganze, der Mittelpunkt. Wann wir demnach betrachten, daß der

Provinzen dreyzehn sind, die sich zur Unabhängigkeit vereinigt haben; und daß der Hahn immer das Sinnbild Frankreichs, so wie der Löwe der Schildhalter im Wappen Großbritanniens, war: so will das Orakel soviel sagen: wann es dem Kongreß gelingen wird, seinen Entwurf auszuführen, und die dreyzehn Provinzen von Amerika in einen wirklichen Staat zu formiren: so wird die französische Politik ein Meisterstück gethan haben.

Trügt mich mein Traum nicht, den ich heute früh hatte: so ist diß der Sinn des Orakels. Indem ich mich auf die gegenwärtige Versammlung vorbereitete: so schien es mir, als ob mein Geist in den dreyzehnten Himmel entzückt würde. Eine weisse, glänzende Gestalt, die der verklärten Seele Withefields gleich sah, erschien mir, und sprach folgende Worte: Zephan-Ja vertiefe dich nicht: sag der Gemeinde: wann es der Wille des Schicksals ist, daß Amerika unter den Staaten Europens eine eigene Rolle spielen soll: so wird ein neuer Zweig vom Löwenstamm daraus entstehen.

Ob sich nun diß ereignen wird, ihr der Verzückung vereinigte Brüder, das hat die Gottheit ihrem

rem undurchdringlichen Geheimniſſe vorbehalten. Laßt uns ihre Schickung anbethen. Was mir aber das Orakel erlaubt hat, euch zu erklären, das vernehmet.

Jüngſt, als ich dem Schickſal dieſes Lands nachſann, und in heiliger Erhebung für das Wohl der Nachwelt flehte: ſo erſchien mir der Thron, von welchem über die Schickſale der Staaten gewaltet wird. Eine Kette, welche aus Guineen und Louisd'or beſtund, gieng von ihm aus, und umfieng das ganze Reich der europäiſchen Staaten. An dieſer Kette hiengen die Schickſale der Reiche in Medaillons. Nachdem ſie die ganze bekannte Erde durchzogen hatte: ſo ſchlos ſie ſich mit dem andern Ende wieder am Thron an.

Nun, aufmerkſame Brüder, wann ihr das glorreiche Cirkularſchreiben des Kongreſſes vom 13 Sept. 1779*) mit geöffneten Augen einſehen, die verſchiedenen Theile deſſelben in den Kunſtofen der Kritik legen, und ſie in ihre Quinteſſenz auflöſen: ſo iſt der Urſtof deſſelben nichts anders als Geld.

*) S. Chronologen IV. Band, Seite 181.

Auf Geld hat also das allgemeine Schicksal der Weltstaaten auch das unsrige, das ist den Erfolg unserer Anschläge und die Politik des durchlauchten Kongresses, gegründet. Nach dem Verhältnisse dieses Mittels müssen wir den Sinn des Orakels verstehen.

Amerikaner! Leset dieses Schreiben mit Fleiß; es ist dasjenige Blatt aus dem Buch des Verhängnisses, worauf euer Looß geschrieben stehet.

Zuerst zeigt es euch eine Staatsschuld von 197, 682,985 Dollars, die man bereits auf euren Nacken geladen hat. Hiezu sollen nach der Erklärung eurer Beschützere noch so viel Millionen gefügt werden, daß die ganze Masse des Nationaldrucks genau dreyhundert Millionen besagen soll.

Um diese unerhörte Summe aufzuwägen, was bringt man für Mittel in Vorschlag?

Nach verschiedenen verblümten Umwegen euren Vaterlandseifer zu erwärmen und eure Beutel zu öfnen, die unhinlänglich befunden worden sind, ziehet man nunmehr die Larve vom Gesicht, und veranstaltet ein öffentliches Allmosen für jene arme, hilflose

Fret=

Freiheit, die man für eine Göttin, für eine Tochter des Himmels ausgiebt. *)

Dieß ist der eigentliche Karakter dieses berühmten Sendschreibens, welches man zum Grund des Kodex der Nation gelegt hat.

Ist die Maaßregel nicht die deutlichste, um den Augen von ganz Europa unsere Unmacht, und die schlechte Lage unserer Verfassung darzulegen: so ist sie von solcher Beschaffenheit, daß sie kaum in ruhigen und befestigten Staaten zuträglich seyn, einem zerrütteten und im Krieg begriffenen Reich aber Convulsionen zuziehen muß.

Dann haben wir nicht gesehen, daß der Werth des Pappiergelds bis auf sechszig gegen die Münze herab-

―――――
*) „Die Göttin Freiheit ist eine Freundinn der Menschen. Ihre Schönheit ist vollkommen. Sie ist sanft und sinnreich. Alles was sie berührt, verschönert sie, und macht es fruchtbar." Das Vergnügen entstehet unter ihren Tritten. — Sie hat zwo Schwestern, die Tugend und die Gerechtigkeit. Als diese letzte, die unter dem Namen Asträa so berühmt ist, von der Erde vertrieben ward, folgte ihr die Freiheit in den Himmel."

Souscription proposée en faveur de la Liberté ameriquaine. 1780. pag. 3.

herabgefallen ist? Und ist ein solcher Unwerth nicht so ausserordentlich und unerhört, daß man selbst in der Geschichte unserer Feinde, noch mitten in den Zerrüttungen des Law'schen Handels in Frankreich, kein Beyspiel hat.

Jene unermeßliche Schuld auf die Volksmenge der dreyzehn Kolonien gelegt, (welche dem eigenen Tarif des Kongresses gemäs drey Millionen ist,) trift jeden Kopf hundert Dollars. Man muß gestehen, daß es kein Volk in Europa giebt, welches so hoch angelegt und so elend wäre.

Die Nationalschuld unserer Feinde, der Britten, wird sich vielleicht auf Zwey und eine halbe Milliarden Dollars belaufen. Allein noch übertrift sie die unserige nicht. Dann da sie eine Bevölkerung von Acht Millionen zählen: so kommt auf den Kopf noch immer nur Drey und Sechszig Dollars. Und gleichwohl sagt man, daß diese ungeheure Schuld den Grund zum unvermeidlichen Sturz der brittischen Monarchie legen müsse.

Wie auch die Plackereyen Georg's und seiner Ministere beschaffen gewesen seyn mögen: so sind sie nicht bis auf diesen Grad gestiegen. Amerika zahlte, te, der Erklärung des erlauchten Kongresses gemäs, an seine Tyrannen jährlich 3,000,000 Pfund Sterling. Seitdem wir das Joch unserer Vormünder tragen, haben wir jeden Jahrs 8,000,000 Pfund aufgewendet; und diese Abgabe soll noch, wie man uns ausrechnet, zwanzig Jahre fortdauren.

Und bey Diesem konnte uns die brittische Nationalschuld nicht mehr als im Verhältnisse drücken, das ist nach dem Maaß unserer Handlung unserer Bevölkerung und unserer Güter. Dieses Verhältniß hat, wie man weiß, niemals ¼ am Ganzen übertroffen. Nun würde unser Antheil gegenwärtig an der mütterlichen Schuld 140,000,000 Dollars betragen. Und siehe da, uns ungefähr binnen sechs Jahren mit dem Duplum dieser Summe beladen.

Siehe da den neuen Staat von Amerika bey seinem Eintritt in die Welt mit Dreihundert Millionen Schulden beschwehrt, zu deren Bezahlung er keinen Rath weiß.

Muß dieses Bild nicht zureichend seyn, unsere Begriffe über die Bestimmung unseres Schicksals zu erklären?

S 5   Einst

Einst war die Zeit, wo Tugend und Armuth den Ausschlag im Krieg gaben. Diß ist die Periode der ältern Geschichte der Römer und der Griechen, und einiger barbarischen Nationen in der neuern Geschichte. Seit der Entdeckung von Amerika aber hat sich der Krieg um seine Axe gedrehet. Gold ist die Seele der Unternehmungen, der Maaßstab der Macht, und das einige Triebrad des Kriegs. Heldenkraft ist Guineen und Nerfenstärke Louisd'or.

Amerika ist also verlohren, wofern nicht die Zeit des Midas für uns zurückkehrt, oder wofern die Götter nicht irgend ein anderes ausserordentliches Wunder thun. Auf was Art, theure Freunde, man dieses fatale Bild vor unsern Augen verhüllen will, das ist merkwürdig. Das Sendschreiben des Kongresses ist jener Predigt eines Heiligen ähnlich, wodurch er die Fischgen bereden wollte, sich ins Nez zu begeben.

Sollte eine Seel in Amerika seyn, welche die Ungründlichkeit der darinn angenommenen Säze nicht einsähe?

Der erlauchte Kongreß streicht das Pappiergeld heraus. Das Pappier ist die einzige Geldsorte, sagt man, die sich keine Flügel zulegen kan. Es bleibt bey uns.. Ach, wie sehr wäre zu wünschen, daß das Gegentheil wahr wäre! Welches von Beyden scheint dem Heil der vereinigten Kolonien ersprießlicher zu seyn, wann ihre Pappiere, so wie die englischen, holländischen, venetianischen ꝛc. ꝛc. aufwärts Kredit und Cours hätten, wann sie die Handlung unterhielten und verbreiteten: oder wann sie, auf einen Abwerth von 20 - 60 Prozenten herabgesezt, in die Gränzen ihres Vaterlands eingeschlossen bleiben, und im Müßiggang untergehen. Jeder Reichthum, der sich nicht übersezen läßt, ist kein Reichthum. Würden die Diamanten von einigem Werth seyn, wann ihr Handel in die Klüfte von Chili und Brasilien eingeschränkt wäre?

Jedoch, diese Betrachtung bey Seit gesezt: so ist der Grundsaz an und für sich selbst gänzlich falsch. Unter allen Vorstellungsarten ist das Pappier diejenige Münze, die am flüchtigsten ist, weil sie die leichteste ist. Noch mehr, sie ist der Verfälschung, dem Verlust, der Abnuzung am meisten unterworfen.

Von dieser Beschaffenheit sind alle übrigen Säze, die der Kongreß in Parade aufstellt. Es ist wahr, die Freiheit der Holländer und der Schweizer hat sich erhalten: sie dauert noch. Aber der kleine Länderbezirk

zirk der ersten, der Fleiß der zweiten, und die Eifersucht der benachbarten Nationen bey beyden, ist die
Grundsäule ihrer Dauer.

Kan sich Amerika mit diesen Beyspielen verglei-
chen? Ist sein unermeßlicher und unübersehbarer
Länderbezirk so arrondirt, wie die Schweiz oder die
Niederlande? Ist es von der Natur so sichtbar ver-
theidigt, wie die Alpen und das Meer jene vertheidigen? Sind seine Einwohner so einträchtig? Sind
sie so fleissig und spahrsam? Leben die Manufakturen
und gute Polizeygesezze so hoch? Haben die Holländer und Schweizer ihr Daseyn mit einer solchen
Schuldenlast angefangen?

Wehe mir, meine Brüder, ich befürchte, die
Götter haben ihre Orakel schon bereits nur allzudeut-
lich an uns erklärt!

Ueber Herrn Heinicke.

Man sagt, Derjenige, welcher den Teleskop erfand, habe die Schöpfung fortgesetzt. Gut: man wird diß mit eben so viel Recht von den Erfindern der Sprache der Stummen sagen müssen.

Carmina de coelo possunt deducere lunam.
VIRGIL.

Vielleicht, wann die Götter jetztweilen von ihrem olympischen Sitz einen Blick auf ihre Geschöpfe, die Menschen, herabzuwerfen würdigen: so müssen ihnen unter allen Beschäftigungen derselben die Ausübung der Künste und der Menschenliebe die zwo angenehmsten scheinen. Erschaffen und Wohlthun: diß sind die zwo Wirkungen der Gottheit. Sie sinds, auf deren Linie sich der Mensch seinem Urbild, dem Schöpfer am meisten nähert, indem er seine Verrichtungen nachahmt.

Was werden die Götter also beym Gegenblick, wann ihr Aug auf die Zerstöhrer und die Faulen, fällt,

fällt, empfinden? Diß geht uns nicht an. Nur den
Theologen und den Propheten ists erlaubt, sich in
den Rath der Götter zu sezen. Was uns betrift,
wir sind nichts als schlichte Chronologisten.

Lasset uns gestehen, daß jene Lehre, Stumme beredt zu machen, wordurch einige Weltweisen unserer Zeit sich berühmt machen, durch diese Betrachtung
ein doppeltes Verdienst erhält. Indem sie ihren
Ursprung aus der Quelle der Menschenliebe genommen hat: so vereiniget sie beyderley Endzwecke der
Gottheit. Und in dieser Ansicht gehört der Nahme
ihrer Erfinder mit Recht in die Reihe der merkwürdigsten und tugendhaftesten Sterblichen.

Als ich den Artikel über das Institut des Abbt
l'Epée im zweyten Band dieser fliegenden Blätter
crayonirte: so war mirs ganz unbekannt, daß Deutschland eine ähnliche — und, wie ich zu beweisen
hoffe, ungleich interessantere — Anstalt unter der
Leitung des Herrn Direktor Heinicke zu Leipzig be-
sitzt.

Man kan nicht Alles wissen; und mein persönliches
Loos ist, in meinem Vaterland nicht nur wenig, sondern überdiß übel orientirt zu seyn.

Mit

Mit desto lebhafterer Achtung und Gelehrigkeit habe ich demnach die Weisungen aufgenommen, die man mir hierüber sowol in den öfentlichen Blättern, als in besondern Zuschriften zu geben beliebt hat. Ich kan nicht genug eifern, dem Publikum von dieser Regung Rechenschaft zu geben.

* * *

Unter den Wirkungen der menschlichen Natur ist die Sprache die wichtigste und vornehmste. Sie ist das Werkzeug, wodurch das Band der Gesellschaft, welches der Zweck der menschlichen Bestimmung ist, geknüpft wird. — Und in dieser Rücksicht ist die Verstümmlung der Zunge, neben der Verstümmlung der Mannsnatur, unter den infamen Erfindungen der Zeit die grausamste.

So mitleidenswürdig, so beredt ist der Zustand eines Stummen, daß man dieses Geschöpf unmöglich anblicken kan, ohne durchdrungen zu werden. Kein Mangel des menschlichen Baues rührt so stark und so lebhaft. Warum sehen wir Blinde, Lahme oder Taube mit kälterm Blut an, als einen Stummen? Eine Betrachtung, die in der täglichen Erfahrung gegründet ist.

Diß

Diß sollte man, dem Anschein nach, für die Ursache annehmen müssen, warum man schon in ältern Zeiten darauf gefallen ist, eine Sprachlehre für die Stummen zu erfinden. Unterdessen, wann man den Karakter der Zeit, und insbesondere die Art ihres Lehrbegrifs in Erwägung ziehet; so mus man, zur Schande des menschlichen Geists, glauben, daß die Männer, welche sich mit dieser Idee abgegeben haben, es mehr in der Absicht unternahmen, auf irgend einer neuen Bahn der Schulfüchserey, welches der traurige Weltlauf der damaligen Jahrhunderte war, zu glänzen, als aus dem so einfachen als edlen Antrieb der Nächstenliebe.

In diese Klasse gehören Ammann, Wallis, Hellmont, Raphel: Männer, deren Nahme ausser diesem im Reiche der Wissenschaften sehr unbekannt wären. Sie sinds, die sich, in den mittlern Zeiten, mit der Akophologie *) beschäftigten.

Die Werke, die sie uns von ihrem Lehrbegrif hinterlassen haben, sind sehr schaal. Sie verrathen durch-

*) Ich überlasse den Terminologen, ob sie lieber Akophologie oder Kopotherapevtik passiren lassen wollen, wofern ich der Erste bin, der einen Kunstnahmen für die Entstummungslehre erfindet.
Wekhrlin.

hängig, daß ihre Urhebere mit der Idee der Stummheit weder die Einsicht in die Anatomie des Körpers
und die Wirkung seiner Organe, noch den Begrif
von der Physik des Tons verbanden. Ihre Ver-
nunftschlüsse über die Natur und Heilart der Sprach-
losen mußten also eben so unhinlänglich als übel
combinirt seyn.

Ihre Lehrart wird von uns völlig unbrauchbar
befunden. — Und muste sie diß nicht immer seyn?
Sie gründete sich auf die Elemente der Grammatik.
Nun ist unter den Belehrungen, welche uns die
Zeit geäussert hat, insbesondere die, daß unser Al-
phabet nichts taugt.

Die Unternehmung der Neuern, das ist, eines
Bonnet, eines Pereira, eines l'Epee, und eines
Heinicke, hat über jenes Jahrhundert einen gedop-
pelten Vorzug: je mehr sie einerseits aus einer rei-
nern Quelle, nehmlich aus der Liebe zur Menschlichkeit, entsprungen; anderseits aber auf eine phi-
losophischere, gründlichere und glücklichere Methode
gegründet ist.

In dieser Absicht muß man sie ohne Bedenken,
original nennen.

Die Sprache ist eine Kunst. Ihre Entwicklung muß, wie bey allen Künsten, stufenweis geschehen.

In philosophischem und natürlichem Begrif giebt es nur Eine Sprache: der Widerhall von der Bewegung der Zunge und der Kehlenwerkzeuge. Alle übrigen Spracharten, z. B. die Pantomime, die Schreibekunst ꝛc. ꝛc. sind also unächt und unnatürlich. Sie sind nichts als ein blosses Spielwerk sinnlicher, undauerhafter Fertigkeiten.

Die Tonsprache allein ist die einige erhebliche und wesentliche Lehrart. Die übrigen Methoden ersezen dem Patienten nur einen abgängigen Sinn durch den andern. Die Tonsprache aber giebt ihm sein eigentliches verlohrnes Organ zurück. Sie ist also eine wahre zwote Schöpfung, wogegen die andern nur eine Täuschung, ein unterschobenes Maschinwerk sind. Wie sollte eine Gebehrdensprache fähig seyn, die unmateriellen, die blos geistigen Bilder der Seele auszudrücken? Wie sollte die Schriftsprache die Nüanzen des Ausdrucks und der Begrife, die oft blos im Ton liegen, mahlen können?

Die Stummheit ist von zwoerley Gattung. Wann einem Menschen die Sprachwerkzeuge, es sey

sey von Natur oder durch Gewaltsamkeit fehlen. Von dieser Gattung ist die Rede nicht. Ihre Patienten gehören schlechterdings ins Spital der Unheilbaren.

Die zwote Gattung, jene Sprachlose, denen der Gebrauch der Zunge blos wegen dem Mangel des Gehörs fehlt, ists, welche der Gegenstand der Entstummungsschulen ist. Man nennt sie die Taubstummen.

Jene seltnere Rasse, deren Sprachlosigkeit von einer Verwirrung der Seelenkräfte, der Blödigkeit, dem Wahnsinn oder der Zerrüttung des Nervensystems herrührt, gehört, wie man siehet, zur leztern Klasse. Ihr Unterricht ist das Meisterstück der Entstummungsschule und der Philosophie ihrer Kunst.

In der That die Taubstummen sind die unglücklichsten und mitleidenswürdigsten Geschöpfe. Sie bringen ihr Leben auf die traurigste Art zu. Beym vollkommenen Gebrauch ihrer Vernunft und bey aller Anlage zum Genuß der Gesellschaft führen sie ein elendes und einsiedlerisches Leben. Die Vernunft, die ihnen gegeben ist, macht sie noch um so unglücklicher, weil sie die Begrife, so sie von äusserlichen Dingen nach und nach erlangen, gemeiniglich zu verwechseln pflegen, und hierdurch in unendliche Irrthümer fallen.

Geschöpfen von der Art zu helfen, sie zu Menschen zu machen, sie in die ersten und vorzüglichsten Rechte ihrer Natur wiedereinzusezen, ist, wie die ganze Welt gestehen muß, ein einzelnes, ein göttliches Verdienst.

Aber welches ist die beste Methode? Diß ist der Prüfpunkt, worauf wir stehen.

Daß die Art des Denkens der Stummen von der unsrigen völlig verschieden ist, das ist eine an sich sehr interessante, eben so neue als wahrhafte Beobachtung. Sie beweist vorläufig, daß alle gewöhnlichen Sprachleitern durch Zungen- und Kehlendrücken, Spiegelvorhalten, Luftpressungen, Fingeralphabete, unphilosophisch und unergiebig sind.

Ein Stummer lernt denken und reden gerade wie ein Kind. Erheblicher Ursaz!

Die Operationen, an die man bisher gewöhnt war, sind also eben so grausam als falsch. Man kan sie nicht ohne Zurückbeben, nicht ohne Abscheu über den Mißbrauch der Menschlichkeit, nicht ohne
Mitleid

Mitleid über die Unwissenheit der Arzneykunst, und ihrer Maitresse der Scharlataneren, anhören. Man zerschnitt den Patienten die Zungenbänder; man sprizte ihnen scharfe Geister ein; man trichterte sie mit Dämpfen; man elektrisirte, magnetisirte und exorzirte sie.

So oft sich die Arzneykunst in die Oekonomie der Seele mischte: so war das menschliche Geschlecht unglücklich.

Wie falsch waren diese Operationen. Die Gebrechen der Sprachwerkzeuge sind Lähmung der Zunge, Erschlaffung der Gurgel, Mangel des Zäpfchens ꝛc. ꝛc. Ihnen abzuhelfen hat die Natur noch kein mögliches Mittel entdeckt. In dieser Ansicht sind also die hörenden Stummen gänzliche Inkurablen. Ihnen durch physische oder logische Mittel helfen zu wollen ist wahre Scharlataneren. Ihre Gattung ists, für welche die Gebehrden- und Schriftsprachen gemacht sind, worinn noch die einigen Ressourcen, ihr Unglück zu erleichtern, besteht.

Wäre der Abbé l'Epée, oder vielmehr die französische Schule überhaupt, hieben stehen geblieben: so wäre seine Lehrmethode, die eigentlich und blos Pantomime ist, untadelhaft. Man würde sein Institut

stitut zwar keine Sprachschule nennen können: aber es würde immer unter den milden Stiftungen unsers Jahrhunderts — und vielleicht unter den Erfindungen des menschlichen Genie — seinen Rang behaupten. Daß er so ehrgeizig war, seine Methode auf die Taubstummen anzuwenden, das erwirbt ihr einen Tünch von Scharlatanerey.

Nicht zu gedenken, daß der Ausdruck der Gebehrden niemals dem Bliz des Tons folgen kan: so lernt, wie die Probe ausgewiesen hat, ein Stummer vermittelst der Gebehrdensprache niemals so weit, so richtig und so fertig denken, wie durch die Tonsprache. Einer der wichtigsten Handgriffe in der Entstummungskunst ist, die Gränzsteine zwischen Gefühl und Empfindungen, zwischen Verstand und Vernunft aufzufinden.

Es ist also deutlich, daß die Tonsprache unendliche Verdienste vor der Gebehrden- und Schriftsprache hat. Aber daß sie auch doppelt mehr Einsicht, Geduld und Mühe beym Lehrer wie beym Schüler erfodert, das ist eben so begreiflich.

Diejenigen, welche den Ursprung der Sprache für göttlich halten, und annehmen, daß sie den ersten

sten mit vielen Vorzügen geschaffenen Menschen zugleich, von ihrem Schöpfer gelehrt wurde, haben in mancherley Betrachtung ungleich mehr vor denen voraus, die sich bemühen, durch Schlüsse zu beweisen, daß die Sprache lediglich ein Werk menschlicher Erfindung sey. Es ist nicht möglich, daß ein Mensch, bevor er nicht Anerkenntniß von Dingen hat, ihnen Nahmen beylegen könne. Hieraus folgt, daß jede Sprachlehre auf die Kultur der Vernunft des Patienten gegründet seyn müsse.

Diß ists, was mich die Theorie des Herrn Direktor Heinicke belehrt. Aus seinen vortreflichen und höchstphilosophischen Schriften, die er mir mitzutheilen die Gütigkeit hatte, *) habe ich diese Begriffe gezogen.

* * *

Herr Samuel Heinicke, ein Deutscher, aus Weissenfels in Kuhrsachsen gebürtig, war Cantor zu Eppendorf.

---

*) Beobachtungen über Stumme und über die menschliche Sprache. In Briefen. Von Samuel Heinicke. Hamburg, bey Herold, 1778.

Ueber die Denkart der Stummen und die Mißhandlungen, welche sie durch unsinnige Kuren und Lehrarten ausgesetzt sind. Ein Fragment. Leipzig, bey Hilscher, 1780.

Die Beobachtung über die dumme und marternden Kuren, die er bey den Stummen anwenden sah, erweichte seine zum Mitleid und Menschenfühl geschaffene Seele; und sein angebohrner philosophischer Geist leitete ihn zum Nachsinnen über eine Heilart für dieses unglückliche Geschlecht.

Man muß seine Werke lesen, um zu erlernen, durch welchen Zusammenhang von Vernunftschlüssen er auf seine gegenwärtige Lehrart gelanget ist.

Genug, daß seine Bemühung von der Seite des Herzens eben so grosse Verdienste hat, als von der Seite des Geists.

Die Wirkungen derselben waren so einleuchtend und rühmlich, daß der Sächsische Hof bewogen wurde, Herrn Heinicke im Jahr 1778, mit einem seinen Meriten gemässen Gehalt, zu Leipzig öffentlich anzustellen, und seine bisherigen Privatübungen in ein churfürstliches Institut zu verwandlen.

Es ist also ein Irrthum, wie die Chronologen ihn einst nannten, daß er Pastor ist: er ist vielmehr ein edler, aufgeklärter und würdiger Mann.

Ein Zug, der zum bekannten Karakter der Gleichgültigkeit und Trägheit unsers deutschen Vaterlands gehört.

gehört, ist, daß, während die unendlich weniger preißwürdige Unternehmung des Abbe l'Epee und seiner Landsleute in ganz Europa ausposaunt wurde: so war man in Sachsen bey den Verrichtungen des Herrn Heinicke gänzlich stumm.

Es schien, daß niemand die Kur des Herrn Heinicke mehr nöthig habe, als sein eigenes Vaterland.

Unterdessen waren die Wirkungen seiner Schule eben so vortreflich als zahlreich. Herr Heinicke hat dem Publikum während dem Alter seiner Erfindung über 200 geheilte Taubstumme zurückgegeben; und zwar nicht auf jener Seite Geheilte, daß sie auf dem Marionettentheater agiren, und Romane schreiben können *), wie die Eleves des Abbt l'Epee.

Die Entstummten des Herrn Heinicke sprechen laut, klar und verständlich. Sie halten öffentliche Reden. Sie widmen sich der Philosophie, der Dichtkunst, der Mathematik, der Mahlerey, den Manufakturen. Mit einem Wort sie sind Glieder des öffentlichen Lebens.

T 5   Man

*) Siehe die Schrift des Saboureux eines in der Schule des Abbt l'Epee entstandenen stummen Schriftstellers über die Vorzüge der l'Epee'schen Lehrart.

Man kennt aus den öffentlichen Blättern die Rede, welche ein Zögling des Herrn Heinicke bey der Anwesenheit Seiner churfürstlichen Durchlaucht, den 29 May 1780, im Institut öffentlich ablegte: ein junger Baron von Mohrenschield, aus Reval.

Nichts destoweniger will ich sie hier wiederholen. Sie gehört zum Beweis der Vollkommenheit der Schule. Man siehet, daß die Wörter nicht ausgewält sind, um dem Organ des Redners anzupassen; sondern daß der Materie ein freyer Fluß gelassen ist, und auch die schwersten Ausdrücke des deutschen Dialekts unvermieden blieben.

Durchlauchtigster Churfürst,
Gnädigster Churfürst und Herr.

Pflicht und Erkenntlichkeit mögen die Kühnheit entschuldigen, mit welcher ich es wage, vor Ewr. churfürstliche Durchlaucht im Nahmen meiner hörlosen Mitbrüder die Gefühle unserer Herzen zu öfnen, und Höchstdenenselben für die gnädigste Stiftung und Erhaltung eines Instituts, in welchem wir Sprechen lernen, zu Christen gebildet und in andern nützlichen Kenntnissen unterrichtet werden, unterthänigst Dank zu opfern. Gottes allmächtige Vor-

Vorsehung erhalte Ewr. churfürstlichen Durchlaucht theuerstes Leben und der beste Seegen beglücke das Haus Sachsen durch eine ununterbrochene Reihe von Jahren. In der tiefsten Unterthänigkeit er bitten wir uns Ewr. churfürstlichen Durchlaucht fernere höchste Gnade und Beystand.

Wenn ein redender Sinese oder Italiäner diese Phrase deutlich deklamirt hätte: so würde es schon ein Wunder seyn; aber wenn man sie einen Stummgebohrnen hersagen siehet: so muß man erstaunen.

Die Lehrart des Herrn Heinicke ist diesen Wunderwerken an Neuheit und Reichsinn vollkommen gleich. Aus dem Begrife, daß wir alle unsere Erkenntnisse nur durch die Sinnen erlangen, und daß sowol die äussern als innern Sinne miteinander in der genauesten Verbindung stünden, zog er den Schluß, wie sich eine bequeme und faßliche Art, für die Denkenskraft der Taubstummen, welche die erste Stufe der Sprachleiter ist, ausfindig machen lasse. Diese fand er darinn, da man sonst insgemein durchs Gehör denken lernt: so lernt er seine Patienten durch den Geschmack denken.

Nach=

Nachdem auf diese Weise der Grund gelegt war: so gieng ihm nichts mehr ab, um von Stufe zu Stufe bis auf die lezte Höhe seines Zwecks zu steigen, als ein Mittel, dem Lehrling die mannigfaltigen Bewegungen der Zunge, den Gehalt der Töne und die Modifikationen und Artikulationen derselben, welches öfters, selbst bey gebohrnen Redenden die schwerste Kunst ist, einzuprägen. Hiezu nun erfand er ein besonderes Werkzeug, wodurch sich alle Selbstlauter, sowohl die zischenden als schmetternden, nach ihren Abweichungen sichtbar und fühlbar erklären und sehr leicht nachahmen lassen.

Diß sind ohngefähr die zween Grundsäze in der Methode des Herrn Heinicke. Dieser nüzliche und verdienstvolle Mann arbeitet wirklich an einem Lehrbegrif, welcher die ganze Operation seiner Schule erläutern, und für die Nachwelt vermuthlich eine unschäzbare Hinterlage werden wird. Da aber hiezu Zeit, Aufwand, Studium, mancherley Zeichnungen, Holzschnitte ꝛc. ꝛc. erforderlich sind: so wird er seinem Vaterland eine Subscription vorschlagen.

Ein so gemeinnüzliches, so verdienstliches, der Ewigkeit so würdiges Werk unterstüzen, ist, einen
Stein

Stein zur Ehrensäule der Menschlichkeit beytragen.

Indessen bis dieses Werk erscheint, wollen wir von dem äusserlichen Karakter des Instituts etwas anführen.

Hier sind die

Verordnungen
zu dem
Churfürstl. Sächsischen Institut
für
Stumme;
in Leipzig.

1. Es werden taubstumme und andere mit Sprachgebrechen behaftete Personen, wenn sie sonst gesund sind, schon in ihrem 6ten Jahre im Institute aufgenommen. Sind sie aber über 40 Jahr alt; so müssen sie mit besondern Fähigkeiten begabet seyn, wenn der Unterricht noch Statt finden soll.

2. Ehe ein Lehrling aufgenommen wird; so geben seine Eltern, oder Vormünder, von der Beschaffenheit, und von dem vorigen Verhalten des

des Lehrlings, genaue Nachricht. Ist der Lehrling eigensinnig, tückisch, oder sonst mit andern Fehlern und Lastern behaftet; so wird den Eltern vorher die Art der Erziehung, die mit ihm vorgenommen werden muß, bekannt gemacht, und es kommt hernach auf die Eltern an, ob sie diese Erziehung bey ihren Kindern genehmigen wollen oder nicht.

3. Die Lehrlinge lernen deutlich und mit Verstande laut sprechen und lesen. Sie werden in der Religion unterrichtet und zu allerley Künsten und Wissenschaften angehalten. Alles, was ein jeder andrer Mensch sonst zu erlernen im Stande ist, das können sie auch lernen, ausgenommen keine Musik. Mit einem Worte, sie werden zu brauchbaren Mitgliedern der menschlichen Gesellschaft gemacht; und können sich alsdann in ihrem zukünftigen Lebenswandel selbst überlassen werden.

4. Ein Lehrling vom 6ten bis in das 8te Jahr seines Alters bezahlt, für sämtlichen Unterhalt und Unterricht, (Kleidung und Krankheiten ausgenommen) im Institute jährlich 200 Thaler, sächsisch Geld. Vom 8 bis in sein 12 Jahr jährlich 100 Species Ducaten. Vom 12 Jahre an aber 300 Thaler in Quartalen, allemal eins voraus.

5. Ein

5. Ein Hofmeister oder Gesellschafter bey einem Lehrling bezahlt jährlich eben so viel wie sein Lehrling.

6. Wenn die Lehrlinge eigenes Gesinde bey sich haben; so wird für einen Bedienten jährlich 150 Thaler, für eine Magd aber 130 Thaler bezahlt, und diese werden wie das andere Gesinde im Institute beköstiget und gehalten.

N. S.

Leute von geringen Mitteln bezahlen nach ihrem Vermögen, für ihre stummen Kinder, und arme werden ohne Entgeld unterrichtet, wenn sie sich nur beköstigen können.

Die Entstummungslehre wird einst von der Nachwelt bewundert; sie wird zu den merkwürdigsten Denkmälern, die den Vorzug unseres Jahrhunderts verewigen, gezählt werden.

Diese Erfindung ist von einem eben so reichen als erhabenen Umfang. Sie ist eine Quelle zu unendlichen Entdeckungen im Reiche der Sitten und der Natur.

Daß die nothwendigen Ideen (Ideae innatae) ein Unding sind; daß die Seele mit einem natürlichen

lichen Hunger zu Erkenntnissen, vermög dessen sie nach Nahrung hascht, begabt ist; daß bey einem Stummen, der weder boßhaft noch wahnsinnig ist, wann ihm nur gehörige Zeit gelassen und mit Methode zu Werk gegangen wird, sich die Begrife weit schneller und vollkommener entwickeln, als bey einem gebildeten Menschen: dergleichen merkwürdige Resultats sind, womit die Entstummungslehre die Psychologie und die Moral bereichert hat.

Eben so voll ist die Lehrgeschichte derselben an interessanten und anmuthigen Anecdoten.

Die Taubgebohrnen erfinden sich zuweilen selbst Wörterbücher. Ein Taubgebohrner, den Herr Director Heinicke in seinem Unterricht hatte, und der 19 Jahr alt war, brachte eine Anzahl Wörter mit sich in die Schule, die er für sich selbst gebildet hatte, um gewisse Gegenstände zu unterscheiden. Essen nannte er Mumm, Trinken Schipp, ein Kind Tutten, den Hund Beyer, das Geld Patten. Seinen Nachbar, der ein Kramer war, und dem er für verschiedene Waaren fast täglich Geld zutrug, nannte er Patt: des Kramers Sohn aber Pattutten (Kompositum vom Kind und Geld.) Ich

Ich will nicht essen: hieß bey ihm: Naffer riecke schics. Wann er sich über etwas wunderte, sprach er Heschbefa!

Nichts ist ein stärkerer und liebenswürdiger Beweis von der natürlichen Logik der Seele.

Schäzbares Geschenk das Ihr — Erfindere der Entstummung — der Menschheit macht. Eure Wohlthat veredelt die schönste Gabe der menschlichen Natur. Wie viel Glückliche gebt ihr der Welt!

Unter allen Leidenden, die man euch zuführt, laßt euch insbesondere die Liebenden empfohlen seyn. Dieser eben so holde als ehrwürdige Theil des Menschengeschlechts verdient eure Hilfe vorzüglich. Welcher Schmerz muß es für ein edel, geschaffenes und zärtliches Herz seyn, die Glut, die es erwärmt, nicht ausdrücken zu können — nicht sagen zu können: ich liebe.

Cheselden lieferte eine Beobachtung über die ersten Empfindungen eines von ihm operirten Blinden. Die ganze Welt wurde interessirt, bewundernd. Eine ähnliche Beobachtung über ein geheiltes Paar Stumme müßte das würdigste Nebenstück, eine der rührendsten und lehrreichsten Scenen für fühlbare Seelen seyn.

Was würde zum Beyspiel der Jüngling, in dem Augenblick, da er zur Sprache kommt, und den Gegenstand seines Herzens umarmt, ungefähr, sagen?

    Wie wird mir! Bin ich noch? In welche Welt
    Bin ich verzückt? Jzt fühl ichs, Selima,
    Mein vorig Leben war vom wirklichen
    Ein Schatten nur. O, welch ein Glück, zu
                        sprechen,
Ich liebe dich.

Und das Mädchen:

    Und du, zu dem mein Herz
    In voller Sehnsucht wallt, wie nenn ich dich?
    Mit welchem würd'gen Nahmen grüß ich dich?
    Was gleichet meinem Glück: was den Accenten
    Der süssen Stimme, wann sie Liebe tönen?

Und Ich? Ich würde dazu sprechen:

    Ihr Glückliche, die ihr der Liebe folgsam
    In unbekannten Götterfreuden schwammt:
    Seht, Kinder, hier den Schöpfer eures Glück's
    Daß ihr euch mehr als jemals lieben könnet.
    Daß euren zärtlichen Umarmungen
    Die Seeligkeit der Himmlischen entspriesset
Diß ist **Sein** Werk.

    Dem Herrn Director Heinicke gewidmet
        vom Verfasser der Chronologen.

                      Waage

Zu pag. 289

äste.

Interessenten.		Summ.	Armeen.		Kanonen.	Geld.
			Landtruppen.	Matrosen.		
	2	266	172,302	78,000	13300	2000 Millionen Livres.
	1	106	94,613	26,042	5300	80 Millionen Piaster.
	1	49	36,250	14,780	2202	1000 Millionen holl. Gld.
	4	54	28,158	9,500	2700	0 Millionen Dollars.
England.	8	475	331,323	128,322	23502	ѕ ѕ ѕ ѕ
Bilanz.	8	475	313,323	128,322	23502	1148,323,328 Rthl.

Waage der kriegführenden Mächte
1780.
(Siehe unten Tabelle I.)

Noten und Quellen.

1. **Geld und Kanonen.** Diß sind, wie man weiß, die zween Muskeln des Kriegs und der Macht heut zu Tag. Ihre Attribute sind Soldaten und Schiffe.

2. Unter den Schiffen der ersten Linie (und diß ist die Theorie des neuesten Journal de Marine.) werden alle eigentlich sogenannten Linienschiffe; das ist, die Schiffe von 120 Kanonen bis 64, verstanden. Unter der 2ten Linie, die sogenannten 50 Kanonschiffe. Unter den leichten Truppen alle übrigen bewafneten Kriegsfahrzeuge, sie mögen sich Fregatten, Corvetten, Kutter, Schaluppen ꝛc. ꝛc. nennen: Deßgleichen die patentirten Kaper.

3. Einer der neuesten und berühmtesten Schriftstellers in der Seekriegskunde giebt, in Ansehung des Calculs der Artillerie einer europäischen Flotte, zur Regel an, daß man auf ein Schif ins andere, vom Admiralitätsschif an bis auf die Kanonierschaluppe, im Durchschnitt funfzig Kanonen rechnen müsse. Dieses Theorem ist bey den 4 Flotten: England, Frankreich, Spanien und America angenommen worden. Die Anzahl der holländischen Artillerie ist von der Bestimmung des kürzlichst herausgekommenen Etats, d.d. Haag, den 16 Jänner 1781, hergenommen.

4. Die

4. Die Anzahl der Schiffe, der Landtruppen und der Seeleute bey England ist aus dem vom Lord North bey der lezten Subsidienbehandlung dem Parlament vorgelegten Etat gezogen. Bey Frankreich gründet sich die Schif- und Matrosen Anzahl auf die Hofzeitung; die Zahl der Landarmee auf partikulare Briefe. Spaniens Macht an Schiffen, Truppen und Seemannschaft ist aus dem neuesten Journal de Marine, welches von der königlichen Seeakademie zu Marseille, unter Hofprivilegium, herausgegeben wird. Mit Holland verhält sichs hier wie oben (Note 3). Nun Amerika. Der im Septembr. 1780 vom Congreß bekannt gemachte Etat, besagt

reguläre Infanterie	115177
Artillerie	3122
Husaren	1842
Miliz	395590
Cavallerie	1969
Total	517700 Mann

Dieser Etat hat 6 Fehler. 1. Im Detail desselben sind 9083 Mann für die Armee in Canada berechnet, wohin doch, wie man weiß, seit der Schöpfung der Welt, niemals ein amerikanischer Congreßsoldat gekommen ist. Der Provinz Massachusets Bay, unter andern, werden darinn 33 reguläre Regimenter zugeschrieben; und sie hat niemals ein Einziges gehabt. 3. Die Stärke der Regimenter wird auf 10 — 1611 Mann gesezt: gemäß der Resolution vom Kongreß, den 27 May 1778 aber, soll kein Continental-Regiment

ment höher als in 585 Mann bestehen. (Nehmlich 1 Obrist, 1 Obristlieutenant, 1 Major, 6 Capitain, 1 Capitainlieutenant, 8 Lieutenant, 9 Fähnrich, 7 Staatsofficier, 27 Sergeanten, 20 Pfeifer und Tambours, 27 Corporal und 477 Gemeine.)
4. Enthält der Etat Husaren, die in Amerika so rar sind, wie bey uns die weissen Elephanten.
5. Ist der Etat von einem Anonym unterschrieben und collationirt. (Einem angeblichen Herrn Jagersol, General-Inspektor der Truppen des vereinigten Amerika: welche Person niemals existirt hat.)
6. Ist der wahre Verfasser desselben, wie man aus zuverläßigen Urkunden weiß, der bekannte Baron von Stüben, welcher aus Preußischen Diensten als Freiwilliger zu den Rebellen gegangen, eine schöne Legende von seinem Empfang und Verfassung nach Deutschland überschrieben hat, (und in der That die Stelle des supponirten Herrn Jagersol bekleidet,). In Rucksicht dieser Betrachtungssumme hat man hier jenen Etat, welchen der ausgetrettene General Arnold mit sich gebracht, und der englische Hof durch die Hofzeitung bekannt gemacht hat, für eine solidere Grundlage angenommen: zufolg dessen verhält sich die Continentalmacht —— wie oben stehet.

5. Der Kassenzustand der Interessenten ist aus des Verfassers persönlichen Ideen geschöpft.

Tarif der Ressourcen der kriegenden Mächte 1780.
(Siehe unten Tabelle II.)

Noten und Quellen.

Man wird mich für sehr kühn halten, wenn man siehet, wie ich, im Winkel eines schwäbischen Dorfs, den Etat der europäischen Nationen mit kaltem Blut ziehe: wie ich mir das Ansehen gebe, als wenn mir die Kabinete zu London und Versailles ꝛc. ꝛc. ihr Inventar zugesendet hätten. Allein die Kühnheit ist, wie man sagt, der Karakter der Chronologen. Sie würden also in Gefahr stehen, sich ungleich zu werden, wann ich diese Skizze unterdrücken wollte.

Unterdessen gebe ich dem Publicum hier von meinen Argumenten Rechenschaft. Ihm selbst trete ich das Belieben ab, sie zu beurtheilen, zu berichtigen, zu verbessern oder gar wegzuwerfen.

Bevölkerung.

Bey England hab ich Tucker'n;
Bey Frankreich, Moheau'n;
Bey Spanien, Ustariz, verglichen mit einem Neuern;
Bey Holland den Grafen d'Albon;
Bey Amerika das Circularschreiben des Kongresses an die vereinigten Provinzen und Einwohnere von Amerika, den 13 Sept. 1779; angenommen.

Zu pag. 292

...ächte.

Interessenten.

	...onalvermögen. Oder ...che Circulation.	Nationalkredit. Oder Staatsschuld.
England - - -	82,000,000	174,000,000
Frankreich. - -	100,000,000	4500,000,000
Spanien. - - -	50,000,000	130,000,000
Holland. - - -	28,000,000	1500,000,000
Amerika. - - -	30,000,000	3,000,000

...elten 4000 Congreß-Dollars
...en klingenden.

Staats-Einkünfte.

In Betreff dieser Columne bediente ich mich:

bey England, Hume verglichen mit den neuesten Parlamentsakten 1780.

bey Frankreich, Compte rendu au Roi par Mr. Necker 1781.

bey Spanien, Ustariz verglichen mit einem Neuern.

bey Holland, Raynal.

bey Amerika, Circularschreiben ꝛc. ꝛc.

Circulation.

Ich bin der Meinung — jedoch diß ist nur ein einseitiger Begrif des unbeträchtlichen Verfassers der Chronologen — daß Circulation und National-Vermögen gleichgeltende Begrife seyen, und daß die Gründe eines vom andern zu trennen, nicht hinlänglich seyen. Demnach schlüsse ich — und das soll mit nichten ein Theorem seyn: ich bin nicht lächerlich genug darzu — daß sich die Summe der Circulation durch nichts füglicher bestimmen lasse, als durch den Preiß des Handlohns, welches — nach meinen Begrifen — ungefähr so viel bedeutet als, die Consumtion. Wofern kein besonderer physischer oder politischer Zufall dieses

Verhältniß stöhrt: so muß es gewiß die kürzeste und sicherste Regel seyn, das Nationalvermögen eines Staats zu berechnen. Hier ist der Plaz nicht, dieses Räsonnement zu erweitern, und die Anwendungen, die sich davon machen lassen, zu demonstriren.

England.. Hume berechnet die Circulation jährlich auf 38 Millionen. Aber er gestehet, daß er hierunter nur das baare Geld und die Pappiers begreife. Davenant, der für einen der zuverläßigsten Staatsrechenmeister erkannt ist, fügt zum Geld und den Billets noch das Silbergeschirr, die Juwelen, Häuser, Viehe, Schiffe, Waaren ꝛc. ꝛc. und sezt das ganze Inventar der Nation, in Effekten, auf 88 Millionen. Taube, der neueste — und vielleicht beste — Autor bestimmt das Nationalvermögen, mit Einschluß der Pappiere auf 460 Millionen, und ohne solche, auf 160 Millionen. Bey diesen augenscheinlichen Widersprüchen, was soll man thun? Was that Ich? Die Bevölkerung aller 3 Reiche auf zehenthalb Millionen angenommen, und jedem Menschen, dem Reichen bis auf den Bettler, vom Greiße bis zum Kind, täglich zweeen Schilling (welches der mittlere Handlohnspreiß wirklich in England ist,) zur Einnahme gegeben, muß die Consumtion, oder der wahre vorhandene Reichthum, (arithmetischen Verstoß allenfalls abgezogen,) jährlich Das seyn, was wir ausgegeben haben.

Frank=

Frankreich. Hier gilt eben dieser Calcul. Der mittlere Preiß des Handlohns ist auf 15 Sous angenommen.

Spanien. Hier tritt derselbe Fall ein, wovon ich oben geredt habe, daß diese Rechnungsregel durch physische und sittliche Hindernisse gestöhrt wird. Die Faulheit der Einwohnere, der Mangel der Industrie, die Unordnung der Handlung lassen nicht zu, die National-Consumtion durch den Preiß des Handlohns zu bestimmen. Und hierinn auf einigen wahrscheinlichen Calcul zu kommen, muß man demnach zu einer andern Rechnungsart greifen, die, wie mich deucht, vorhanden ist. Der Werth des Landes, worinn gleichwol der einige natürliche und wahre Nationalertrag und Reichthum bestehet, muß, zu jährlichem Zinnß gerechnet, die Consumtion von einer zwoten Seite bestimmen. Auch hiebey unsere angewendete Operation zu erklären würde zu weitläufig werden. In Ansehn der zum Grunde gelegten Verhältnisse habe ich Ustariz zum Richter genommen.

Holland. Raynal histoire philosophique &c. &c. du commerce et des Etablissements &c. &c. Supplement. Verglichen mit Discours politiques historiques et critiques sur quelques gouvernements de l'Europe par Monsieur le Comte d'Albon.

Wann man zwischen der Summe der öffentlichen Einkünfte und dem Resultat der Circulation eine so geringe

geringe Abweichung findet: so muß man nicht vergessen, daß die Steuer in diesem Staat enorm und der Lux schlecht ist.

Staatsschuld.

England. Neueste Parlamentsakten.

Frankreich. Compte rendu au Roi par Mr. Necker 1781.

Spanien. Confiderations fur les Finances d' Espagne.

Holland. Difcours politiques, hiftoriques et critiques par Mr. le Comte d'Albon.

Amerika. Circularschreiben ut supra.

EAMUS. AD. COMUNEM. ERROREM.

Ueber

Ueber die Unhinlänglichkeit der Gesezze.

Eine Vergleichung.

In der Kritik, welche die in unsern Tagen geschehene Hinrichtung des Pfarrer Waser's zu Zürch auf allen Seiten nach sich gezogen hat: eine Geschichte, von der der Sallust der Schweizer selbst spricht; wohl eher haben Bürgermeister und Rath mitten in diesem achtzehnten Jahrhundert im Angesicht Europens und vor den Augen aller gesitteten Nationen einen ehrlichen Mann auf bloßen Argwohn hinzurichten sich nicht gescheuet. (Müller's Geschichte der Schweizer, die im Jahr 1780 ans Licht getretten.) In dieser Kritik ist der vornehmste Grundsaz worauf sich die Weltweise und Rechtsgelehrten gestüzt haben, der: daß das öffentliche Urtheil des Malefikanten selbst eingestehe, er werde wegen einem unvollbrachten Vorsaz hingerichtet.

Ein kürzlich in Frankreich vorgekommener Fall scheint sich ausdrücklich ereignet zu haben, um den

Grund

Grund oder Ungrund dieser Kritik ins Licht zu sezen. Der Genius unsers Jahrhunderts scheint diesen Fall mit Fleiß erschaffen zu haben, um uns an die Unhinlänglichkeit unserer Gesetze zu erinnern, und das Betragen der Schweizer aufzuklären.

In dieser Rucksicht ist er der Aufmerksamkeit des Publikums würdig.

Ein Privatmann von Lodeve lebte nach dem Tode seiner Frau mit einem jener gefälligen Mädchen, die aus der sanftesten natürlichen Empfindung ein niederträchtiges Gewerbe machen.

Diese Verbindung war seiner Schwiegermutter sehr zuwider, die mit dem ganzen Ungestümm ihres Geschlechts die Geliebte haßte, nicht sowohl des Aergernisses wegen, als weil man derselben, wie sie behauptete, den Tod ihrer Tochter zuschreiben müßte, welche, wie sie sagte, ein Opfer ihrer zu grossen Empfindlichkeit wegen der verlohrnen Zuneigung ihres Mannes geworden wäre.

Sie verlangte, daß er ihr die Geliebte aufopfern sollte, und der Schwiegersohn, der eine reiche Erbschaft von ihr erwartete, willigte darein. Aber einige

nige Zeit hernach bekam die verlassene Nymfe von Neuem ihre Gewalt über ihn.

Diß erweckte im Herzen der Schwiegermutter die feurigste Rachgierde. Sie trieb dieselbe bis zur Grausamkeit, und wollte die Geliebte ihres Schwiegersohns ermorden lassen.

Ein Schäfer ließ sich durch das Versprechen von 500 Livres reizen, diesen gefährlichen Auftrag zu übernehmen: fand aber für gut, einen Gehilfen anzunehmen, und fiel auf einen, der eben von den Galeeren kam. Furchtsamer oder behutsamer durch die Erfahrung gemacht, that der leztere den Vorschlag, die versprochene Belohnung zu erlangen, ohne das Verbrechen zu begehen.

Sie machten dem Mädchen das sie ermorden sollten, die Sache bekannt, und dieß ließ ihnen ihr goldenes Kreuz und ihre silberne Kette, als die Zeichen an welchen ihre Feindin erkennen sollte, daß jene ihren Auftrag vollzogen hätten, wobey das Mädchen versprach, sich verborgen zu halten.

Ihrer Rache gewis schicanirte die Dame die Mörder wegen der Belohnung, und gab ihnen nur einen ganz kleinen Theil davon: den sie mit dem

Mäd-

Mädchen theilten, das sogleich wieder zum Vorschein kam und Klage erhob.

Die Aehnlichkeit die zwischen beyden Prozessen, diesem und dem Waser'schen liegt, ist jene, daß ein Fall vorhanden ist, auf welchen die positiven Gesetze Nichts vorgeschrieben haben: der Fall nehmlich, wo das Verbrechen nicht vollzogen und kein Corpus delicti zugegen ist.

Das deutsche Publikum ist also mit Grund auf die Entscheidung des gegenwärtigen, der vor dem Parlament zu Grenoble liegt, und mit aller möglichen Gründlichkeit und Richterklugheit untersucht wird, begierig.

Die Absicht der Beklagtin liegt am Tag. Diese Absicht ist ein Verbrechen, das nicht ungestraft bleiben muß. Allein ehe man zur lezten Partihle greift, muß die erste erwiesen seyn. Diejenigen, welche zu Zeugen dienen sollen, sind, in Ruksicht auf die Klägerin, Denunctanten. Ihr Interesse erfodert, die Denunciation zu behaupten. Sie müssen entweder wider die Beklagte zeugen, oder befürchten, als Verläumder bestraft zu werden. Ihre Glaubwürdigkeit ist, in beyder Ruksicht verdächtig.

Inzwischen hat das Gericht kein anderes Werkzeug des Beweises, als diese Zweideutigkeit. Wird es darauf das Racha aussprechen?

* * *

Zaupser

Zaupser.

Ein Originalbeytrag.

Mittlerweilen man in Oesterreich der Freiheit zu denken die Schnürbrust öfnet, wird sie in Bayern enger zusammgezogen. Das Büchercensurkollegium ist angewiesen, keine in die Theologie einschlagende Schriften, ohne vorläufige Genehmigung des Ordinariats, zu passiren.

Alle Schriften, wessen Innhalts sie seyn mögen, müssen in Pleno ganz abgelesen werden. Die Briefe über das Mönchswesen, die Briefe aus dem Noviziat, sämmtliche Freymäurerschriften, Zaupser's Ode auf die Inquisition, seine Schrift über den falschen Religionseifer, sind aufs schärfste verboten.

Zaupser muste sogar in Pleno der obern Landsregierung, als HETERODOXIAE SUSPECTUS, das Glaubensbekenntniß öffentlich ablegen: und das Büchercensurkollegium bekam wegen der zu den Zaupser'schen Schriften hergegebenen Approbation einen scharfen Verweis.

Das Kriegsrathskollegium erhielt den Befehl, den Sekretär Zaupser mit Kanzleyarbeit so zu überladen, daß ihm zum Bücherschreiben keine müssige Zeit übrig bliebe.

Der Urheber dieser seltsamen Auftritte soll der Geheimerath Ignaz Franck, ein Exjesuit, seyn.

* * *

Für die Mittheilung dieser Anecdote feyerlicher Dank!
     Von den Chronologen.

* * *

Unsere Reflexionen über vorstehendes Faktum heben wir in ein uns hiernächst bevorstehendes Stück, wo wir über Bigoterey, Censuren, Volksunterdrückung, Jesuitismus ⁊c. ⁊c. (insbesondere an die Synode der lutherschen Gemeinde in Jülich und Bergen 1) zu reden Beruf haben werden, auf.

Unterdessen glauben wir, durch Aussezung der Ode, die in vorstehendem Fall das Corpus delicti formirt, unsern Lesern eine Aufmerksamkeit zu bezeugen, die nicht ausser ihrem Plaz ist, und die mit ihrer Erwartung um so mehr übereintreffen muß, je berühmter dieses Gedicht durch das Schicksal seines Verfassers wird.

          Wäre

Wäre die Zaupser'sche Ode nicht bereits an sich selbst ein Meisterstück der Dichterischen Muse: wäre sie nicht durch ihren Gegenstand, durch den Boden und die Zeit wo sie entsprungen, äusserst interessant: so müßte sie ihre Geschichte verewigen.

Diese macht sie zum Grundstein der Geistsrevolution, folglich zu einem Monument in der Nationalgeschichte Bayerns; und zu einer heiligen Reliquie im Tempel der Martirer der Musen.

Allein hier ist sie:

Ode
auf die
Inquisition.
Nebst
einer Palinodie
dem
Herrn P. Jost
gewiedmet
von
Andreas Zaupser,
kurpfalzbairischen Hofkriegsraths Sekretär.
1780.

Es begab sich aber, da die Tage fast erfüllet waren, daß Jesus sollte aufgenommen werden, richtete er sein Angesicht gerade nach Jerusalem: und er sandte Bothen aus

aus vor seinem Angesichte. Die giengen hin, und kamen in eine Stadt der Samariter, um ihm die Herberge zu bestellen. Und sie nahmen ihn nicht an, weil seine Reise nach Jerusalem gerichtet war. Als aber seine Jünger, Jakobus und Johannes das sahen, sprachen sie: Herr, willst du, daß wir sagen, daß das Feuer vom Himmel herabfalle, und sie verzehre? Und er wandte sich um, strafte sie, und sprach: Ihr wisset nicht, von was Geist ihr seyd. Des Menschen Sohn ist nicht gekommen, die Seelen zu vertilgen, sondern selig zu machen. Luk. 9. K. 51. V. ꝛc.

Mit Erlaubniß des kurfürstlichen Bücher-Censurkollegiums.

Fährt wieder prasselnd auf dein kaum erstorbnes
            Feuer,
 Megäre Inquisition,
Des Orkus und der Dummheit Tochter, Unge-
            heuer,
 Pest der Vernunft und der Religion!

Tritt wieder deine schwarze Ferse Nationen
 Betrogner Sklaven in den Staub,
Und rufen wieder, keines Ketzers zu verschonen,
 Die Mönche, deine Knechte, die den Raub,

Verwaister Kinder Erbgut, theilen, und auf Lei-
    chen
  Gottlästernde Gebethe schrein,
Wie blutge Tiger, die, wenn sie den Wald er-
    reichen,
  Sich brüllend der erwürgten Heerde freun.

Oed liegt Iberien von deinem Drachenhauche,
  Fleiß, Wahrheit, Freundschaft, Künste fliehn,
Des Denkens Freiheit stirbt, im Scheiterhaufen
    Rauche
  Durch dich ersticket, Geistermörderinn!

Schon droht dein offner Schlund (wer soll die
    Unschuld schüzen,
  Da Wohlthun ein Verbrechen hieß?)
Dem weisen Olavid, der orthodoxe Pfüzen
  Durch Kezer Hand zu Eden bauen ließ.

Welch gräßlicher Triumph! dem Gottmensch an
    der Seite,
  Im Heiligthumes Innersten
Elzt die mit Gift geschwollne Hiber, schnaubt nach
    Beute,
  Und würgt, die ihrer Raubsucht widerstehn.

X 2   Der

Der Flüche schrecklichster, den je der Bannstral
blizte,
Wird mit Posaunen kund gethan,
Sieh deine Göttin! Volk! ruft donnernd der erhizte
Mönch mit dem Dolch, stirb, oder bethe an!

Er rufts, und tauft mit Blut, und predigt mit den
Flammen,
So predigte einst Muhamed,
Und zog nach Mekah hin, die Bürger zu verdam-
men,
Die muthig ihn nicht ehrten als Prophet.

O Duldung, Gotteskind! Du aus des Mittlers
Wunden
Hervorgegangne Schöne, du,
Durch die Germaniens drei Kirchen eng verbunden
In Eintracht blühn, und schwesterlicher Ruh,

Vertraute Friederichs, die seine mächtgen Staaten
Mit ausgespannten Schwingen deckst,
Und nun berufen von dem Solon der Sarmaten
Nach Warschau Fried' und goldnes Alter
trägst,

Kehr den sanften Blick nach Süden, wo mit Thränen
Die Menschheit dich um Hilfe fleht,
Und hör das Mordgeschrei, das Röcheln, und das Stöhnen,
Das dir die Luft mit Asch' entgegen weht.

Flieg hin mit Kerubs Kraft, und stürz das Unthier nieder,
Daß es zurück zur Hölle fährt,
Und lehr der Eifrer Schwarm, die irrgegangnen Brüder
Durch Sanftmuth zu bekehren, nicht mit Schwert.

Palinodie.*)

*) Anmerkung für Ausländer. Herr P. Thomas Aquinas Jost, Dominikaner und Lektor der Theologie in Landshut, beliebte im Jahre 1779 in einer öffentlichen Druckschrift unter dem seltsamen Titel: Bildnisse der Freiheit und Inquisition wider die Freigeister, sowohl der weltlichen als geistlichen Obrigkeit den liebevollen Vorschlag zu thun, daß man zu Hemmung der sich in Bayern ausbreitenden Freidenkerey eine gelinde, aber väterlich scharfe Inquisition einführen möchte. Was er unter Gelindigkeit und väterlicher Schärfe meine, erklärt er pag. 26 selbst: „Recht ware es, sind seine Worte, „daß man den „Atheisten Vanini zu Toulouse verbrennt. Recht „ware es, daß man den Freygeist Lischzinius in Pohlen zum Feuer verdammt. Recht ware es, daß „man den Leichnam des Florentinus Rugger, der als „ein Atheist zu Paris gestorben, in eine Schwindgrube „geworfen „ — Meine Ode auf die Inquisition nennet er eine Schmähschrift, die er auf zwoen Seiten zerstäubet.

Du hast gesiegt, ich beichte meine Sünde,
 Großinquisitor, dir, und fleh'
Um Gnade, weil zerstäubt vom Donner deiner
   Gründe
 Ich meine Muse seh.

Die Arme sang von Mitleid und von Liebe,
  (Wie Mädchen gute Kinder sind;
Sie weinen laut du weißt's, als fühlten sie die Hiebe,
  Wenn Menschenblut verrinnt.)

Sie wähnte, daß durch Schwerdt, und Rad, und Flammen
  In Seelen keine Salbung bringt;
Und daß die Irrenden statt seiner zu verdammen
  Gott keinen Mönch gedingt.

Die Kezerinn! Sie liegt zerstäubt, und schweiget
  Von Duldung, die der Gottheit gleicht; *)
So fällt oft eine Lerch', indeß sie singt und steiget,
  Vom Feuerrohr erreicht.

Ich aber — ach! mit meiner Flammenmüze,
  Und Sanbenito angethan,
Ich beth' im Innersten zerknirscht durch deine Blize,
  Domingos Tochter an.

*) O Duldung, Gotteskind! — Teufelskind
schallt es von den Kanzeln zurück.

Ich sehe sie von Tagus heissem Strande,
: Die heilge Inquisition,
Siegprangend zu uns ziehn, und meinem Vater-
: lande
: Bann, Fesseln, Leichen drohn.

Ihr Aug ist Glut, Tod flammt aus ihren Blicken,
: Großinquisitor, schone mein!
Du tauchst in ihren blutgen Becher mit Entzücken
: Den Opferstahl schon ein.

Doch hör', eh mich noch deine Faust zernichte,
: Bitt' ich um Absolution,
Und schwöre Kindespflicht dem strafenden Gerichte,
: Der Inquisition.

Sie lebe — streue Blindheit, Sklavenblässe,
: Wahn, Aberglaube, Dummheit aus,
Und bringe die verirrten Heerden um, und esse,
: Und preise Gott beim Schmaus! *)

Und du, ihr tapfrer Ritter, Zions Wächter,
  Der Duldung Erbfeind! — säume nie,
Bewappne dich, und such Religionsverächter!
  Wer sucht, der findet sie.

Wagt nicht schon selbst izt mancher Lai zu denken,
  Mit seinen Augen selbst zu sehn,
Und frommer Meinungen *) verjährtes Recht zu kränken,
  Die alt, wie Eichen, stehn?

Und schwizen nicht von hundert bösen Schriften
  Die Pressen — greift mit losem Zahn
Muthwillger Spötter Wiz, die izt die Welt vergiften,
  Nicht Mönch' und Nonnen an?

Schloß ich nicht selbst wohl gar den Mendelssohnen,
  Sokraten, und Konfucius
Den Himmel auf, und sezt', o Frevel! die Huronen
  Zum Bakkalaureus? **)

*) Sententiae non quidem sobriae, tamen piae, sagen die Schulen.

**) In meiner kleinen Schrift über den falschen Religionseifer. Der Ungenannte in der Münchnerzeitung ruft dagegen Aerger über Aerger.

Auf! tret uns an, die Kezerbrut, zu Moder,
  Daß die gewarnte Welt uns flieh,
Verbrenne die Bastarden frecher Skribler, oder
  Kombabusire sie!

So hieb der Held von Mansche Meister Peters
  Ungläubge Puppen *) kühn entzwei,
Und schnell, wie durch den Schlag des jähen Donnerwetters,
  War Spiel und Scherz vorbei.

*) Die Mohren des Meister Pedro, welche die Melisandra entführten.

Ueber die Neutralitätsconföderation.
Eine Lektion
aus der heutigen Staatsgeschichte.

Beschluß.
(S. S. 3-14 dieses Bands).

Indem ich meine Betrachtung über die Neutralitätsconföderation wieder ergreife; eines der merkwürdigsten und neuesten Staatsphänomene der Zeit: so fällt mir ein Auftrag ins Gesicht, der an sich selbst vortreflich, und diesem Sujet ganz angebohren ist.

Ich kan nichts Klügeres thun, als ihn zum Epigraph meiner Abhandlung zu nehmen. Er enthält den Geist desjenigen, worauf ich ziele: und er wird mir sehr wenig hinzuzusezen übrig lassen.

* * *

Es giebt unter den einzelnen Menschen eine Ungleichheit, die sehr gerecht und sehr billig ist, und eine

eine andere, welche den Grundsäzen der Gerechtigkeit und der Billigkeit im höchsten Grad zuwiderläuft.

Daß einem Menschen, der durch Weisheit, Anschlägigkeit, Einsichten, Tapferkeit, vielen seiner Mitmenschen nüzt, und viel glücklich macht, von ihnen Verehrung, Liebe und Gehorsam geleistet wird; daß Einem, der durch seinen ordentlichen Fleiß, und durch seine thätige Geschicklichkeit eine beträchtliche Menge Lands fruchtbar gemacht und in einen Stand gestellt hat, da es den Menschen Nahrung und Vergnügen gewährt, der Besiz und der Genuß dieses Lands für ihn und für seine Nachkömmlinge ausschliessend versichert sey; so lang sie fortfahren, ihre Ländereyen mit Fleiß und Einsicht zu verwalthen, und mit dem Ertrag davon fleißige und arbeitsame Menschen zu ernähren; daß ein Mensch, der mit einer unverdrossenen Emsigkeit, und mit einer glücklichen Erfindsamkeit die Thätigkeit vieler Menschen belebt und sie ihr Brod gewinnen macht, indem er Bequemlichkeit und unschuldige Freuden für andere Menschen erzeugt, sich Schäze sammle; und daß er und seine ihm ähnliche Nachkömmlingschaft diese Schäze ruhig und sicher geniessen: Alles diß ist gerecht, und
so

so ist es auch die Ungleichheit, welche daraus entstehet.

Keiner von den Menschen, welche sich auf eine dieser Arten über andere erheben, kan seine Ehre, sein Ansehn, seinen Reichthum erhöhen, ohne den Wohlstand derer zu vermehren, die er in der Niedrigkeit zurückläßt. Diese Ungleichheit einzelner Glieder kan also niemals unterdrückend oder nachtheilig werden. Wann sie Eifersucht erregt: so entwafnet ihre Wohlthätigkeit immer den Neid und sezt sie nur in eine glückliche Nacheiferung, in eine Bewegung, die das Maaß des allgemeinen Wohls nothwendig vergrössern muß.

Daß aber ein Mensch, der durch Uebermacht und durch Gewaltthätigkeit sich andern Menschen unterworfen, und sich Ländereyen zugeeignet hat, welche sein Unverstand und seine Thraney halb öde erhalten; daß, sage ich, ein solcher Mensch, oder seine Nachkömmlinge unter dem Schuze partheyischer Gesezze, die Ketten täglich fester machen, womit die Barbarey sie gefesselt hat; und daß die Unterdrücker der Menschen Ueberfluß geniessen, indem sie durch ihre Thraney, durch ihre Pracht und durch ihre Ueppigkeit noch unendlich grössere Güter zernichten, welche

die

die Dürftigkeit Unzähliger in Wohlstand verwandeln würden; daß durch Monopolien und durch ausschliessende Vorrechte sich Andere ungeheure Reichthümer erwerben, oder doch sich Vortheile verschaffen, die den Werth ihrer Dienste übersteigen, daß sie unter dem Vorwand des allgemeinen Besten den Fleiß und die Aemsigkeit Besserer und Geschickterer zurückbinden; und daß sie die ganze Gesellschaft der Vortheile berauben, welche ihr thätiger Fleiß ihr gewähren würde; daß noch Andere die Gestalt von Dienern des gemeinen Wesens annehmen, sich zu Gehilfen der Regierung aufwerfen, und, unter dem Schein für sie Gelder zu sammlen, mit welchen die öffentlichen Unkosten bestritten werden sollen, sich einen grossen Theil davon zueignen, und sich so ärgerliche als gemein verderbliche Reichthümer erwerben; dieses Alles ist im höchsten Grad ungerecht. Und wie eine grössere Ungleichheit dadurch unter den Bürgern entsteht, desto grösser muß verhältnißweis das allgemeine Elend werden.

Unglücklicherweis ist in den meisten Staaten diese lezte Art der Ungleichheit ganz gemein, und die erstere ist es lange nicht so sehr, als sie es seyn sollte.

Auf

Auf die gleiche Weise verhält sich die Sache mit ganzen Nationen.

Daß Frankreich durch seine glückliche Lage an zwey Meeren, durch die mannigfaltige Fruchtbarkeit seines Bodens, durch den erfindsamen Fleiß seiner Einwohner sich ganz Europa zinnsbar gemacht habe;

Daß durch Häuslichkeit, durch Unverdrossenheit, durch unermüdete Betriebsamkeit die Holländer alle andern Nationen des festen Lands übertreffen, und sich eine Schiffarth, und, durch diese, Schäze erworben haben, die sie verhältnißweiß zum reichsten aller Völker machen;

Daß England durch seinen Getreidbau, durch seine Schiffarth sich auf den höchsten Gipfel der Blüte emporgeschwungen habe;

Daß unter weisen und muthigen Anstalten Rußland täglich seine Bevölkerung vermehrt, seine Schiffarth erweitert und seinen Wohlstand über den Wohlstand der Länder erhebt, die es umgeben: Alles dieses ist höchstgerecht. Und wie auf einen höhern Grad des Wohlstands jede dieser Nationen sich em-

vor

por schwingen, wie mehr jede sich mit wahren Reichthümern bereichern wird; desto besser wird sie jeder andern ihre Produkte und ihre Arbeiten bezahlen, destomehr wird jede beytragen können, die allgemeine Glückseligkeit des menschlichen Geschlechts zu erhöhen.

Daß aber das stolze England allen Küstenbewohnern des Erdkreises vorschreibe, was für Waaren sie auf ihren Schiffen ihm zuführen, und was für welche es auf den Seinigen in ihre Häfen bringen wolle; daß es bald Jeder die Gränzen vorschreibe, wie weit ihre Schiffe fahren dörfen, und mit welcher Ladung sie da oder dorthin zu fahren befugt seyn sollen; daß es unermeßliche Ländereyen anderer Welttheile seinem Zepter unterworfen und das ganze übrige menschliche Geschlecht von dem Handel mit ihnen ausgeschlossen habe; daß es dem Einen gebiete, nur Ihm zu verkaufen, damit die Andern nur Ihm abkaufen müssen; daß es so in seiner Insel unermeßliche Summen in Papier und in Metall zusammhäufe, und daß es bald den Wunsch des Thoren bey sich erfüllt sehen werde, dem alles, was er anrührte, zum Fluch wurde, indem es sich in Gold verwandelte;

Daß

Daß Spanien die Hälfte des grösten Erdtheils seit Jahrhundert unter sein Joch gebracht, und ebenfalls alle Nationen des Erdkreises von dem Handel dahin ausgeschlossen hat;

Daß Holland eine ähnliche kaufmännische Tiraney in drey Erdtheilen ausübt, und dadurch die Schäze, die sein gerechter Fleiß gesammelt hat, zu vermehren glaubt;

Daß Andere diese Beyspiele der Ungerechtigkeit im Kleinen nachahmen, und daß Alle auf einander eifern, welcher es darinn am weitesten bringen könne: dieses ist ungerecht, dieses erzeugt eine Ungleichheit, die desto verderblicher ist, wie mehr sie durch Mittel gehandhabet werden muß, welche in den Staaten, die sie gebrauchen, wie in denen, gegen welche sie gebraucht wird, Verminderung des Wohlstands und der wohlthätigen Thätigkeit wirken.

Wir leben, Gott Lob! in einem Zeitpunkt, wo eine Menge zusammtreffender Umstände diesem Uebel ein Ende zu machen versprechen. Die engländischen Kolonien in Amerika haben sich wider die Tiraney empört, die ihre Aemsigkeit so lang unterdrückte. Irland hat ihrem Beyspiel gefolgt. Spanien und Frank-

Frankreich unterstüzen ihr Streben nach Unabhängigkeit mit allen ihren Kräften, und sie untergraben so die Herrschaft, die sie, selbst wider die Ordnung der Natur, in andern Welttheilen ausüben. Rußland, Schweden, Dännemark, Portugall haben sich vereinigt, dem Meere die Freiheit wieder zu ertheilen, welche die Natur ihm zugeeignet hat, um den Verkehr Aller Nationen mit Allen Nationen zu erleichtern. Holland tritt in diesem Augenblick dieser Vereinigung bey.

Das gereizte England wird ohne Zweifel sich bald an ihm zu rächen wissen, indem es trachten wird, es aller seiner Besizungen in den drey übrigen Welttheilen zu berauben.

Hoffentlich werden die Zwisten dieser zwo Mächte einem muthigen und listigen asiatischen Fürsten den Weg erleichtern, beyde aus seinem Welttheil zu vertreiben, und seine Häfen allen fremden Nationen zu eröfnen. Vielleicht eilt schon irgend ein europäisches Kondottiere mit einem Haufen von Abentheurern hin, um ihm seine Dienste dazu anzubieten, und wird Habsucht bald einer Tirannen ein Ende machen, die Habsucht gestiftet hat.

Und

Und wann einmal diese grossen Sehspiele der Ungerechtigkeit von dem Erdboden vertilgt seyn werden; so werden mit ihnen die kleinen bald verschwinden, welche der Nachahmungsgeist der minder mächtigen Nationen hin und wieder aufgestellt hat.

Vielleicht wird das bevorstehende Jahr *) das ganze grosse Drama entwickeln. Vielleicht wird dieser Winter eine Wolke daher führen, welche auf einmal alle diese tröstlichen Aussichten wieder unsern Augen entziehen wird.

Sey es. — Sie werden verdunkelt werden können; aber ganz zernichtet gewiß nicht. Der natürliche Lauf der Begebenheiten kan durch die Weisheit oder durch die Thorheit der Menschen beschleunigt oder langsam gemacht werden. Ganz aufgehalten werden kan er nicht.

Die Ungerechtigkeit kan Jahrhunderte durch zu siegprangen scheinen: aber die Gerechtigkeit muß doch endlich die Oberhand behalten.

Es wird eine Zeit kommen, wo die ungerechte Ungleichheit unter einzelnen Menschen und unter gan-

---

*) 1781.

zen Nationen wird aufgehoben seyn, und wo jeder Mensch und jeder Staat nach Maasgab wie sie andere reich und glücklich machen werden, nicht nur glücklich, denn so sind sie es nun schon, sondern auch reich und groß seyn werden.

Ephemeriden der Menschheit. III Stück, März 1781.
Von der Ungleichheit der Nationen.

* * *

Die Zeit ist mit grossen Begebenheiten schwanger, spricht Lord North. Wir glauben's. Der gegenwärtige Krieg zwischen England und seinen Feinden, ist der Streit zwischen Karthago und Rom. Seit dem zweiten punischen Krieg hat Europa keinen interessantern Moment gehabt.

Aus der Skizze, die wir von dem Ursprung und Succeß der englischen Handlung gegeben haben, siehet man, daß der Stolz dieser Nation aufs höchste gestiegen war. Wäre das Glück Brittaniens in dem Schwung geblieben, worinn es nach dem Pariser Frieden, 1760, war: so war für die übrigen europäischen Nationen nur eine einige Parthie übrig:

entweder Unterthanen Englands zu werden, oder aufhören, Mensch zu seyn.

Eine unumschränkte und despotische Herrschaft auf allen Meeren; tirannische Handelsgeseze, welche Brittanien das Commerz in alle Welttheile alleinig zueigneten, und alle übrigen Nationen davon ausschlossen; stolze Verachtung aller europäischen Flaggen; Beleidigung derjenigen, die es wagten, diese Ketten zu erschüttern, und ihren Nacken dem englischen Joch zu entziehen: diß waren die Früchte, welche aus der Verbindung der Epochen entsprangen, die wir erzählt haben.

Kaum sah sich die englische Nation durch besagten Friedensschluß in die Oberherrschaft über das Meer eingesezt: so verwandelte sie das kristalline Zepter Neptuns in eine eiserne Keule. Nicht genug, den Handlungsstof schon in Händen zu haben, trieb sie den Despotismus so weit, sich sogar der Handlungsgeheimnisse zu bemeistern.

Vermög einer genau verbundenen Kette von englischen Packetboots, von einem Ende Europens zum andern, muste die ganze Korrespondenz des europäischen Handels — und diß ist einer der am wenigsten berührten aber erheblichsten und aufmerksamkeitwürdigsten

digsten einzelnen Züge der gegenwärtigen Kriegsgeschichte — durch englische Hände gehen.

Weiter kan man den Uebermuth beynahe nimmer treiben. Unter allen Gattungen von Tirannen welche die Menschen empört haben, ist ihnen diejenige allezeit am empfindlichsten gewesen, wann das Heiligthum der Geheimnisse der Partikuliere angetastet wurde. Diese Maaßregel vollendete, den brittischen Nahmen zum Abscheu auf dem Meere und in der Handlungssphäre zu machen.

Es muste ein Mirackel seyn, wenn so auffallende Eindrücke nicht alle europäischen Höfe rühren, wenn sie ihre Ambition nicht in Gährung bringen sollten. Verschiedene Fälle in gegenwärtigem Krieg, z.B. Die Verfolgung der Feinde bis unter die Kanonen neutralen Häfen, die Verlezung des Völkerrechts beinahe an allen Nationen, insbesondere der schwedischen, holländischen ꝛc. ꝛc. waren zu deutliche Züge, um die Kronen Europens nicht auf die Folgen aufmerksam zu machen, die ihnen der Fortgang der englischen Eigenherrschaft versprach, und sie zu erinnern, der Usurpanz Gränzen zu sezen.

In der That das allgemeine Interesse aller Mächte ist Freiheit des Meers. Lasset uns die Tirannen

abschafe

abschaffen: der Dreyzack Neptuns sey fürohin das Sinnbild der Freiheit! So tönt es von einem Ende Europens zum andern.

Allein um den Grund zum System der Freiheit, zu legen, mußte eine Macht den Anfang machen. Man muß gestehen, wann es Europa einst vorbehalten ist, glückliche Früchten von diesem Entwurf zu sehen: so wird man es der Unternehmung Frankreich's zu danken haben.

Als sich das brittische Ministerium, aus einer sehr übel verflochtenen Politick, weigerte, die Einwohner seiner amerikanischen Kolonien an den Privilegien der Nation Theil nehmen zu lassen: so vermuthete es ohne Zweifel die traurigen Folgen nicht, die aus diesem einfachen Umstand entsprangen; und die der bisherigen Handlungsverfassung der Nation einen gänzlichen Umsturz drohen.

Die Staatskunst wird „wie sich ein sehr wohl unterrichteter Schriftsteller hierüber ausdrückt,„ wann sie dereinst berechnet, wie wenig es die Regierung in diesen Umständen gekostet hätte, die im Parlament versammelte Nation nach Gefallen zu lenken, Mühe haben, zu begreifen, welcher seltsame und unglückliche Geist der Oekonomie das Ministerium hinderte, die Parthey zu wählen, die ihm das Glück darbot und die Politick auftrug, nehmlich die Repräsentanten, so Amerika verlangte, zu bewilligen und sie hernach auf eben die Art an den Wagen des Hofs zu schmieden, wie es bey den englischen Parlamentsgliedern geschiehet.

Wer weiß „fährt dieser Schriftsteller fort„ ob diß Mittel die Unruhen nicht in der Geburt würde erstickt haben? — Ohne Zweifel. Wer weiß, ob Europa je bis zur wahren Quelle von Englands Reichthum und Grösse würde hinaufgestiegen seyn, wann es, mittelst jener Verbindung, das Objekt, das aus London und Boston den Mittelpunkt der Handlung beyder Halbkugeln gemacht hätte, befestigt gesehen hätte?

So viel ist gewis, daß der Schritt, den Frankreich zur Entfeßlung Europens machte, und der ihm einst die allgemeine Hochachtung der Nationen erwerben wird, noch verschoben worden wäre.

Man kennt den Krieg zwischen England und seinen Kolonien in seinen Quellen und Folgen.

Während

Während eine Handvoll Menschen in einem Winkel von Nordamerika, unter dem Vorwand ihre Nationalfreiheit zu vertheidigen, *) ohne ihr Wissen den Grund zur allgemeinen Handlungsfreiheit aller europäischen Nationen legte: so berechnete man in Europa, aufmerksam auf die Begebenheiten, in der Stille, die Vortheile die sich aus dieser Ereigniß für das öffentliche Interesse der Menschlichkeit ziehen liessen.

Das Schicksal, oder vielmehr die allgemeinen Wünsche Europens, berief erstlich Frankreich, und alsdenn Spanien aus Spiel. **)

Weit entfernt, daß diese Verwicklungen die englische Nation hätten zur Reflexion, zur Mäßigung, zu einer gelindern Parthie veranlassen sollen: so sah das Publikum zu seinem Erstaunen, wie sich die Anmassungen derselben, die Ausschweifungen ihrer Flagge, die — wenn man es so nennen darf — diplomatischen Beleidigungen an andern Nationen zunahmen.

Es schien, England hatte sich vorgesezt, Niemand zu schonen, und von Niemand geschont zu werden.

*) 1775 - 1778.
**) 1778.

Unter diesen Constellationen entstand der berühmte Vertrag, der sich unter dem Nahmen der gewafneten Neutralität in der Geschichte verewigt. *)

Die Denkbücher der Nachwelt werden einst lehren, welches Kabinets Kraft und Weisheit man dieses glorreiche Phänomen zu danken hat. Man wagt indessen nicht zuviel dabey, wenn man die Ehre davon demjenigen zuschreibt, dessen bekannte Mässigung ihn des Schiedrichteramts von Europa so würdig macht; und der einst mit Recht von sich wird sprechen dörfen:

Me stante cuncta quiescunt.

(Verglichen mit einem andern Chronolog, der in einem neuern Band ausgearbeitet werden soll:)

Ueber den neuen Seekoder.

*) 21 Jul. 1780.

Nachricht.

Wann einige Blätter am gegenwärtigen Band zur bestimmten Anzahl eines Alphabets abgehen: so wird sie das Publikum im folgenden Band finden. Die Entfernung des Autors von der Druckerey und der Plan des Werks an sich selbst lassen nicht immer eine pünktliche Beobachtung dieser Handlungsregel zu.

Verzeichniß
des
Innhalts.

Seite

Ueber die Neutralitäts-Conföderation. Eine Lection aus der heutigen Staatsgeschichte.

    Fortsetzung und Beschluß S. unten Seite   3

Rousseau bewährt. Eine Anecdote zur Toleranz.   15

Emendanden.
S. 15 Zeile 9. für Sixt VI — lies: Pius VI
—— —— 18. für Pastor Heinecke — lies: Herrn Direktor Heinicke.

Linguet. Ein Supplement. Biographie dieses berühmten Schriftstellers von seinem eigenen Crayon.   17

Schlacht-

Verzeichniß des Innhalts.

Seite

Schlachtordnung der combinirten französischen und spanischen Kriegsflotte den 9ten Heumonat 1780.

Ein Commentar zur öffentlichen Zeitung 40-41

England: siehe deine Ueberwinder! Eine Originalanecdote.

Von dem Schicksal des würdigen Herrn Doktor Forster's und seinen Berufsumständen nach Halle. (Nach einem eingeschickten Beytrag von Privathänden.) 42

Anecdote zur vorigen Anecdote.

Herrn Carver's Reisegeschichte durch Nordamerika betreffend. 52

Berichtigung.

Einer Stelle der Chronologen, die Erziehung der Taub-Stummen, desgleichen das Combinationsschloß betreffend. 64

Noch eine Berichtigung.

Ein Selbstopfer des Chronologisten. 56

Emendandum.

Für „Sixt VI." zu lesen: Pius VI.

Verzeichniß des Innhalts.

Seite

Die Großmuth auf dem Richterstuhl.
Eine Anecdote aus dem Rieß.

Eine seltne und schöne Handlung des Fürstl. Wallersteinl. Oberamtmanns, Baron von Schönemark zu Hochhaus. 57

Modena und Ferrara.
Ein Supplementstück zu Giannone, zum fra Paolo, zum Febronius, zu Riegger's Institut. Jur. Canon. zu Schmidt's Geschichte der Deutschen, zu des Marquis Valotta Memoire &c. &c. 60

Ueber den Superintendent Ziehe seel. oder die neuesten Weissagungen.
Ein Gelegenheitsstück über die auf den 28 Sept. 1786 prophezeyte Erdrevolution. 65

Schwäbische Briefe.
Eine moralisch-politisch-geographische Reise durch Schwaben. Von einer zwoten Feder: und vom Herausgeber des Chronologen retuschirt. 72

Zu den Denkwürdigkeiten der Erleuchtung unserer Zeiten. Eine Anecdote.
Ueber die Physik der Gewitter. 97

Verzeichniß des Innhalts.

Seite

Geschichte des schönen Geschlechts. (History of the Woman's. By William Alexander. Lond. 1780.
Versuch einer Recension. 101

Anmerkung.

Das Buch ist mir, nicht in der Urkunde sondern blos, durch die Anzeige eines französischen Journals bekannt worden. Man kennt die Flüchtigkeit und Untreu dieser Art Werke in Betref ausländischer Literaturprodukte. Unter mehrern Unrichtigkeiten wozu ich von dem Journalisten verleitet zu seyn befürchte, scheint mir, zum Beyspiel, eine auffallende zu seyn — History of the Woman's. Nach meinen Begriffen von der englischen Sprache hat der Verfasser zuverläßig gesezt — of Women. Dergleichen Eigenmächtigkeiten und Inconsequenzen ist man in den französischen Recensionen häufig anzutreffen gewohnt. Alle Unrichtigkeiten also, in dem Innhalt selbst, die ich allenfalls beygebracht habe, schiebe ich ins Gewissen des französischen Journalisten.

Wird man dem schönen Geschlecht noch den Erfindungsgeist absprechen? Eine Anecdote zur Beylage des vorigen Stücks.

Die

Verzeichniß des Innhalts.

Seite

Die in Frankreich vorgeschlagene Unternehmung eines Alleinhandels mit dem Roth, zum Besten einer Stiftung für die Versorgung armer Offizierwittwen und Töchtern. 109

Schwäbische Briefe. Fortgesetzt. 117

Supplement.

Herrn Pfeffel oder die Akademie zu Colmar betreffend. 139

Becker und der Teufel.

Ankündigung einer neuen Ausgabe der deutschen Uebersetzung Baltasar Becker's bezauberter Welt: nebst einigen superfiziellen Raisonnements über die Dämonologie. 143

Druckverbesserung.

Seite 155. Die Zeilen 15 und 16 — Versuch über den Geist und die Sitten der Völker — müssen als eine Stellquelle zu dem vorgängigen Auszug gelesen, und folglich genauer unter die voranstehende Zeile, etwas links hingerückt, gedacht werden. Man weis, daß sich

Verzeichniß des Innhalts.

Seite

sich diese Stelle in des Herrn von Voltaire Essai sur l'esprit et les moeurs des Nations in folgenden Worten findet:

Si Baltazar Bécker s'en etoit tenu à rogner les ongles au diable il aurait été trés bien reçu: mais quand un Curé veut aneantir le diable, il perd sa cure.

Tom. III. pag. 48. Edit. de la Haye.

Ueber die neueste Kriegsbegebenheit. Commentar zur Addresse des General Arnold an die Einwohner von Amerika.

Ueberlieferung der Träumereyen eines Schweizers, eines besonders abgedruckten, an die Chronologen von einer Privathand in der französischen Urschrift communicirten, und, zum Theil, in dieser Sprache auch in Linguet Annales eingerückten Pamphlet's. 159

Welchen Einfluß haben die Wissenschaften auf die Regierung? Fortsezung und Beschluß

Verzeichniß des Innhalts.

Seite

Beschluß der Seite 253. V Band, abgebrochenen Materie. 169

Sartine. Eine politische Anecdote zur heutigen Staatsgeschichte.

Nachrichten von dem Schicksal des abgetrettenen Staatsministers Herrn von Sartine: von der Polizey zu Paris: und von den Ursachen seiner Entlassung. 177

Ueber den Akt der gefürsteten Abbtissin zu Lindau.

Ein Gelegenheitsstück. Juridisch-Philosophisch. 185

Von einem lustigen Richter und einem armen Autor. Auch eine Erzählung.

Eine den Chronologen heterogene — aber gleichwol historische — Anecdote. (NB. der Standort soll, wie nach bereits publizirtem Druck die Vox publica erklärte, Augspurg seyn. 192

Verzeichniß des Innhalts.

Seite

Ein Anderes von einem armen Richter und zween lustigen Autoren. Zum Gegenstück.

Item. Historisch richtig. Der Schauplaz ist Cesena.   195

Stumme Satiren.

Zween Kupferstiche über den amerikanisch-englischen Streit werden angeführt und erklärt.   198

Des Herrn Quintanus Rothauge zweyter Brief.

Schilderung vom Opernsaal, der Opera und den Operisten zu Paris.   200

Problem aus dem Fache der Staatsphilosophie. Mit einer Antwort.

Untersuchung der Frage, warum die vollkommenste Nationalverbesserung unmöglich sey; nebst einer Anecdote vom Duc de Choiseul.   217

Ehre

Verzeichniß des Innhalts.

Seite

Ehre dem Ehre gebührt. Ueber die Grabsäule des Marschall Turenne.

Geschichte dieses Monuments. 221

Simbol eines Bürgers aus dem neunzehnten Jahrhundert.

Historisch-prophetisch-politisch-moralische Fantasie 233

Etwas von der Kriegsschaubühne her.
Irokesenlieder.

Ein Beytrag aus Bayreuth. 239

Zusaz.

Die Musik, das ist die Noten, zu den Irokesenliedern Seite 243. Egannoten &c. &c. item 244 — Visitenmenuett, item S. 245, TGatontenionka &c. &c. liegt in Handschrift, nach dem Original aus Amerika, beim Archiv der Chronologen. Eine Abschrift stehet jedem neugierdregen Freund unserer Blätter mit Vergnügen zu Befehl.

Verzeichniß des Innhalts.

Was wird mein Gevatter Steffen dazu sagen?

Historische Anecdote von der wichtigen Erfindung eines neuen Produkts in der Oeconomie und Diätetick: nehmlich den Brodbaum der Getraidefrucht zu substituiren. Mit den Raisonements der Encyclopädisten, Voltaire'ns, Beaudeau's, Linguet's ꝛc. ꝛc. und des Chronologisten. 247

Orakel. Amerika betreffend.

Eine politische Fantasie: von einem Ungenannten. 267

Ueber Herrn Heinicke.

Ankündigung und Beschreibung des Instituts für Taubstumme zu Leipzig: Vergleichung desselben mit der Schule des Abbt l'Epee zu Paris. Züge aus dem Leben und der Verdienste des Herrn Direktor Heinicke. Empfehlung dieses Instituts an Deutschland. 277

Waage

Verzeichniß des Innhalts.

Seite

Waage der kriegführenden Mächte 1780.   289
     Ein Gelegenheitsversuch in der Statistick.

Noten und Quellen.   ibid.
     Beylage.

Tarif der Ressourcen der kriegführenden Mächte 1780.   293
     Ein politischer Gelegenheitsversuch.

Noten und Quellen.   ibid.
     Beylage.

Ueber die Unhinlänglichkeit der Geseze.
     Eine Vergleichung.   297

     Eine Beylage zu den Kollekten des Criminalprozesses über Henrich Waser, ehemaligen Pfarrer zu Zürch. — Anecdote von einem neuerlichen seltsamen Verbrechen zu Lodeve.

Zaupser

Verzeichniß des Innhalts.

Zaupser. Ein Originalbeytrag.   Seite 301

Anecdote von einem unglücklichen Zufall des Herrn Zaupsers. Monument der National-widerstrebung gegen Auffklärung und Duldung in Bayern. Herrn Zaupsers Ode auf die Inquisition.

Ueber die Neutralitätsconföderation.   313

Beschluß des oben (Seite 14) abgebrochenen Stücks.

www.ingramcontent.com/pod-product-compliance
Lightning Source LLC
Chambersburg PA
CBHW020323240426
43673CB00039B/895